ブッダの真理

Buddha

獅子王山 妙法寺 管長
牛尾日秀

みずすまし舎

装丁／design POOL

Buddha stante
国立東洋美術館（イタリア）所蔵

第１回インド仏跡研究調査旅行。七葉窟《しちようくつ》にて（1999年2月）

はじめに

日本ではブッダのことを「お釈迦さま」と呼んでいるが、正式名称は「サキャムニ・ブッダ」（釈迦牟尼仏陀）である。

「サキャ」というのはブッダが属しておられた部族の「サキャ族」、あるいはその部族によって構成されていた「サキャ国」、「ムニ」というのは「尊者」、そして「ブッダ」には「真理にめざめた人」という原意がある。よって「真理にめざめたサキャ族（国）の尊者」ということになる。

それにしても、ブッダの真理はミステリアスなヴェールに包まれている。それは「経典《きょうてん》」という文字のヴェールである。こんなことを言うと不思議に思われるだろうが、じつは「仏教」イコール「ブッダ」と考えるのはいささか早計なのである。

ブッダの教えは、たくさんの経典によって「仏教」として現代に伝えられているが、それらの経典群はブッダが入滅されてから二、三百年後につくられたものである。それまで代々の弟子たちに語り継がれていた口伝《くでん》の教えが二十派（十八派という見方もある）に分裂する「部派仏教」と呼ばれる時代に入って文字化されたのである。

むろん、彼の真意を伝えている部分もないわけではないが、経典著作者が自分の属する部派の正当性を訴えているため、誇張や潤色《じゅんしょく》のようなものも含まれている。そういう意味でのヴェールである。私はこのヴェールを取り外してブッダの真意を明らかにしたいと考えた。

衣食住に不自由のない時代を迎えたとはいえ、今でも「悲」や「苦」がたくさん横たわっていて、実存的な苦悩を抱えている人は少なくない。「生まれて来なければよかった」、「生きる意味がわからない」という悲しい声を聞くこともある。その苦悩についてブッダの明確な解答が届けられたらいいけれど、経典はむずかしく、宗派もたくさんあって、何を信じていいのかわからない現状。これを何とかしなければならないと考えた。

そして到達したのは、まずブッダの生涯を正しく把握する必要があるということであった。仏教の源流は、ブッダ自身の苦悩と開悟《かいご》と行動の生涯にあるから、それを明らかにできればおのずとブッダの教えが浮かび上がると思った。

とはいえ、その手がかりも経典にしかないので、あり得ると思われる部分とあり得ないと思われる部分を選別することからはじめた。南方の仏教諸国が用いている「パーリ語経典群」、中国、朝鮮、日本が用いている「漢訳経典群」、あるいはチベット、ブータン、ネパールなどが用いている、密教を含む「チベット語訳経典群」を精査しながら、ブッダの真理にアプローチすることにした。幸いなことに、学者の新しい見解による文献や資料の充実によって、ブッダのミステリアスなヴェールを剝《は》ぐ環境はかつてないほど整っていた。

また、仏教の経典だけでは正確を期し難いので、サキャ国周辺の政治情勢、当時のインドの文化・思想を伝えている文献なども渉猟《しょうりょう》した。さらに、現地の光と風を体感するために、いくたびかネパールやインドの地も踏査してみた。そしてブッダの実像を目の当たりにしたとき、これほど深く心についての悟りをひらかれた聖者はいない、という感動が涙とともに込み上げてきた。

宗教、哲学、現代科学などの領域において真理の概念はそれぞれちがうが、ブッダの真理はあくまで人間の心にある。心には時代の差や人種、民族のちがいを超える普遍性がある。人生の道も、歩む力も、すべて心に生じるのである。

ブッダは、人間は内在無限の力を発揮することで愚と悪と苦から解放される、と説かれている。仏教は「縛る教え」ではなく、「解放する教え」であり、宇宙的思考によって幸福と繁栄をもたらす教えだったのである。

だが、そのヴェールを剝いだ感動の一方で、宗派という雲の向こうにブッダの光が隠されているという義憤《ぎふん》、ほとんどの人が仏教について誤った見方をしているという無念さ、仏教は「仏の教え」として正しく蘇《よみがえ》らなければならないという確信が湧いてきた。そこでブッダの光を届けたいという一念のままに、研究の成果を世に問うことにした。

本書は私自身の修行体験から起こった思索も踏まえているので主観的な部分があるが、できるだけ文献の原文を忠実に引用し、客観的に仕上げたつもりである。

なお、念のために本書の末尾に資料としての注釈と古代仏教の歴史変遷、古代インドの地図を付した。目を通しながら読んでいただくと一層のご理解が深まると思う。本書が生きる力に供せられたら望外の喜びである。

筆　者

ブッダの真理◆目　次

はじめに …… 1

Ⅰ　出家の原風景

無常の奥に広がる幻 …… 12
不信と恐怖の日々 …… 22
ヴェーダの世界 …… 30
バラモンの祭式 …… 34
ウパニシャッド哲学 …… 36
アーシュラマの風 …… 52
出　城 …… 58

Ⅱ　苦行と真理開悟

真理を探求する人びと …… 66
苦行とその放棄 …… 74

悟りとは何であったのか …… 81
「宇宙意識」について …… 97

Ⅲ　真理の王国の建設

初転法輪 …… 106
最正覚について …… 119
欲望の魔火 …… 125
上首の入門 …… 131
近くにありて遠き者 …… 137

Ⅳ　王族の教化

マガダ国の頻婆沙羅王 …… 148
コーサラ国の波斯匿王 …… 153
サキャ国の浄飯王 …… 160
人間の解放 …… 167

V　受難と贖罪
僧伽の危機……180
王舎城の悲劇……189
提婆達多という人物……194
伊蘭樹の果実……200
償いの心……208

VI　ブッダ入滅と法の不滅
祖国の滅亡……218
この世のなごり……226
入　滅……233
沙羅の花に寄せて……237

VII　現代へのメッセージ
死後は「空」に帰らねばならない……246

思い方一つで苦しみは軽減できる …… 256
自他ともに、そして未来を踏まえて生きよ …… 262
心の業の「ヒマラヤ」は超えられる …… 267
意地を張らず一歩退いて暮らせ …… 270
真理のふるさとへ帰れ …… 273

補　記

その後の仏教 …… 288

資　料

注　釈 …… 298
原始仏教経典の対応関係 …… 300
人物相関図 …… 302
古代仏教の推移 …… 304
サキャ国と古代インドの16大国 …… 306

ブッダゆかりの聖地　307
参考文献　308
おわりに　311
索引　316

I　出家の原風景

無常の奥に広がる幻

ブッダが生を享《う》けられた場所は、ヒマラヤ山脈の南麓、ネパールの一隅にある。上空から見ると、白雪のヒマラヤとそれに並行して走る緑のタライ平原のコントラストが美しい。

地上から眺望すると、ヒマラヤが「神の山」と呼ばれた理由がよくわかる。朝日を受けると東から西へと冠雪の稜線《りょうせん》が浮かび上がり、山襞《やまひだ》がいかめしい神秘の色に染まる。こんなダイナミックで厳粛《げんしゅく》な大自然の一角に生を享けられたのかと、ネパールのサランコットの展望台にしばらく釘づけになった。

ネパール一帯の一日は、まずヒマラヤのめざめからはじまるようである。うっすらと平野が明るくなると、村びとたちが仕事に動き出す。ブッダの頃の村びとたちも、朝日とともに田畑に向かい、清冽《せいれつ》な水と肥沃な大地をもたらした神の山に感謝しつつ一日を終えたにちがいない。この静謐《せいひつ》な光景がいつまでも続くことを若き日のブッダも願われたはずである。

しかし、ブッダがお生まれになった紀元前五〇〇年頃のインドは、戦国争乱の真っただ中にあった。約二五〇カ国が群雄割拠《ぐんゆうかっきょ》する中でマガダ、コーサラ、マッラ、ヴァッジなどの十六大国が頭角を現しはじめていた。サキャ国はこの十六カ国には入らない小さな国だったので、南のコーサラという大国に従属して命運をつないでいたが、時代は統一王朝への過程にあり、風前の灯火のような状態にあった。結果、サキャ族のほとんどはコーサラ国によって殺され、国は跡形もなく滅亡してしまった。

サキャ国の都城《とじょう》の址《あと》に立つと、私はいつももの悲しい気持ちにさせられる。この国の盛衰興亡の歴史はヒマラヤだけが知っているというのに、無言のままに屹立《きつりつ》する姿には神の冷徹な沈黙のようなものを感じるのである。

サキャ国が成立するまでの伝説を古い文献から紹介しておこう。

ブッダの大先祖はコーサラ国の始祖である甘蔗《かんしょ》王（オッカッカー）という王であったと記されている。「甘藷《かんしょ》」ならサツマイモだが、「甘蔗」というとサトウキビのことになる。王といっても正式な統治機構があったわけではなく、「国」という概念すらなかった時代だから、サトウキビ栽培の大農園主といったところだろうか。

彼には先妻との間に四人の男児と五人の女児があり、後妻との間にも一人の男児がいた。だが、後妻にそそのかされて先妻の子どもたちを追い出してしまった。行くあてもなく九人がヒマラヤ山中をさまよっていると、その一隅に住んでいた仙人と出会った。仙人は彼らの身の上を不憫《ふびん》に思い、自分の土地を分け与えた。

やがて兄弟で居を構え、一番上の姉を母親代わりとして、残りの八人がそれぞれ夫婦になった。一帯の村びとたちに農業や街づくりについての知恵を授けるうちに一つの国のようなものが完成し、都城の迦毘羅城《かびら》（カピラヴァットゥ）の運営を任されることになった。

その活躍を風の便りに聞いた甘蔗王は子どもたちのもとにやって来て、「ああ、我が子はサキャなり」と感激したという。サキャという原意には「有能」という意味があるというから、王はいささか後悔したのかもしれない。子どもたちに故郷に戻って来るよう勧めたが、彼らから拒絶された。

文献によると、兄たちの死後に一番下の尼拘羅《にくら》という王子がこの迦毘羅城を継承したという。系譜でいうと、ブッダの祖父の師子頰《ししきょう》王、父の浄飯《じょうぼん》王（スッドーダナ）はその末裔《まつえい》に当たる。

ブッダの生母は摩耶《まや》（マーヤー）といった。出自はコーリヤ国の天臂《てんび》城（デーヴァダハ）、善覚《ぜんかく》王（スプラブッダ）の王女であった。善覚という人物は長者という説もあるが、これまた国という概念が曖昧《あいまい》であるためかはっきりしていない。

このコーリヤというのは九人の一番上の姉がつくった国という。いつからか彼女はハンセン病を患《わずら》い、迦毘羅城から少し離れた場所に住んでいた。そこへ同じ病気で苦しんでいた他国の王子が流浪《るろう》して来て、結婚してコーリヤ国をつくった。コーリヤというのは、その土地に多かった虎を避けるために植えたコーラの木に由来しているらしい。あの炭酸飲料のコーラはもともとその実を原料にしていたようである。

このコーリヤ国とサキャ国は、ローヒニーという川を挟んで隣接していて、時として水利権を巡って対立することもあったが、両国の王の祖先が親戚であったことから、比較的友好関係にあり、互いに親族結婚を繰り返していたという。

天臂城の王には八人の王女がいて、それぞれ二人一組になって浄飯王以下四人の王子に嫁いだこと、浄飯王のもとに嫁いで来たのは長女の摩耶と八女の摩訶波闍波提《まかはじゃはだい》（マハーパジャーパティー）の二人であったことが文献に記されている。

ブッダの名前は「日種《にっしゅ》」と漢訳されている。この一帯には、「日族《にちぞく》」と「月族《げつぞく》」が住んでいたという伝えもある。もっともコーサラ国の中に日族と月族がいて日族のことをサキャ族というのか、サキャ族の中に日族と月族がいたのかは定かではないが、サキャ国は「アッチャー」（太陽の末裔）を称しているので、ブッダは「日族」に属しておられたと考えられる。日族は血筋がよく、月族はいわば成り上がり者のように見なされていたという説もあることから、日本でいえば平家と源氏の関係に相当するのだろうか。

ただ、サキャ国は民族の純血種というものに相当なこだわりを持っていたようである。のちに起こるサキャ族殲滅《せんめつ》、国家滅亡という悲惨な事態は、このこだわりがもたらした結果であった。

サキャ族は稲作を生業《なりわい》にしていた。そのことは浄飯王や彼の弟たちに贈られている名前からわかる。白飯《はくぼん》王（スッコーダナ）、斛飯《こくぼん》王（ドットーダナ）、甘露飯《かんろぼん》王（アミートダナ）と、いずれも「飯」という文字が挿入されている。

サキャ族の村びとたちが平和な農耕を続けることを願っていたことは言うまでもない。それに応えて浄飯王もコーサラ国の庇護《ひご》を受けることによって平和を保っていたので、名王として国民から慕われていたようである。

甘蔗の苗裔《びょうえい》なる釈迦無勝王《しゃかむしょうおう》は浄財《じょうざい》あり、徳《とく》と純《もっぱ》ら備《そなわ》れり。故《ゆえ》に名《なづ》けて浄飯と曰《い》ふ。群生《ぐんじょう》は楽《たのし》んで瞻仰《せんごう》すること。猶《な》ほ初生《しょしょう》の月《つき》の如《ごと》し。
（『仏所行讃《ぶっしょぎょうさん》』）

（甘蔗王の子孫である比類無きサキャ族の王は、財を有し、徳を備えていたので浄飯と名づけられた。国民は闇を照らす月のように尊敬した）

だが、時代は戦国争乱の世。浄飯王にとって周辺諸国の軍事動向は油断できないものがあった。いつ宗主国《そうしゅこく》のコーサラから派兵要請が突きつけられるかわからず、そのコーサラ国から併合される可能性さえはらんでいた。誇り高い民族意識を持つサキャ族にとっては厳しい政治環境に置かれていたことになる。

王は、有能な後継者を期待していた。なんとしてもサキャ国を未来につなぐ太子が欲しかった。ところが摩耶夫人にはなかなか子どもが授からなかった。名誉あるサキャ国の世継ぎを生むことを宿命づけられていた立場からするとつらい毎日であったことになる。だが、次のような霊夢を観た後に懐妊を果たすことになった。

菩薩《ぼさつ》、正念《しょうねん》もて兜卒《とそつ》より下《くだ》り、浄飯王第一の大妃《だいひ》、摩耶夫人の右脇《みぎわき》に託《たく》して住まり已《おわ》る。是《こ》の時《とき》大妃、睡眠中《すいみんちゅう》に於《おい》て夢《ゆめ》に一の六牙《げ》の白象《びゃくぞう》あるを見《み》る。（略）金装《きんそう》の牙《きば》を以《もっ》て空《くう》に乗《じょう》じて下り、右脇に入《はい》る。
（『仏本行集経《ぶつほんぎょうじっきょう》』）

（一人の菩薩が厳粛な面持ちで天から降りて来ると、摩耶夫人の体の右脇にとどまった。このとき夫人は霊夢で六つの牙を持つ白象がいたのを見た。（略）金色に輝く牙を持ち、空中から下って来ると、右の脇腹から体の中に入って来た）

それを聞いた浄飯王が驚いて占夢《せんむ》仙人を王宮に呼び寄せると、次のように告げられた。

若《も》し母《も》人夢《にんゆめ》に　日天《にってん》の右脇《みぎわき》に入《はい》るを見《み》れば　彼《か》の母の生《う》む所《ところ》の子《こ》は　必《かなら》ず転輪王《てんりんおう》と作《な》らん
若し母人夢に　月天《がってん》の右脇に入るを見れば　彼の母の生む所の子は　諸王中《しょおうちゅう》の最勝《さいしょう》たらん
若し母人夢に　白象《びゃくぞう》の右脇に入るを見れば　彼の母の生む所の子は　三界《さんがい》に極《きわ》みなく尊《とうと》く
能《よ》く諸《もろもろ》の衆生《しゅじょう》を利《り》し　怨敵《おんてき》悉く平等《びょうどう》にして　千万衆《しゅう》を　深煩悩《じんぼんのう》の海《うみ》より度脱《どだつ》せん

（『仏本行集経』）

（太陽が右脇から入って来る夢を見るならば、その母が産む子は必ず聖王となるであろう。また、月が右脇から入って来る夢を見るならば覇王《はおう》となるであろう。もし白象が右脇に入る夢を見るならばこの世で尊く、多くの人びとを助け、敵さえも平等に慈悲して、深い煩悩から救う聖者となるであろう）

産み月が近づいた摩耶夫人は侍女たちを伴って故郷のコーリヤ国に里帰りすることになった。当時のインドにも昔の日本と同じ風習があったようだが、輿《こし》に乗るか馬に揺られての里帰りとしても、身重の体で旅をするというのはきつい。途中のルンビニーという林の中で休息をとることになった。ところが、その一角にあった池で摩耶夫人が沐浴《もくよく》から上がり一隅に咲いていた無憂樹《むうじゅ》という花の枝に手を触れた瞬間、急に産気を催して太子を出産した。

そのときのエピソードが、太子がそのまま七歩を歩み、右の指で天を、左の指で地をさして

「天上天下《てんじょうてんげ》　唯我独尊《ゆいがどくそん》」と宣言したという伝説である。七歩とは六歩プラス一歩である。「六」というのは「六道《ろくどう》」、つまり、上から順に「天上《てんじょう》」、「人間《にんげん》」、「修羅《しゅら》」、「畜生《ちくしょう》」、「餓鬼《がき》」、「地獄《じごく》」の六つの世界のことを意味している。

古代インドでは、天上とは神の世界、人間とはヒトの世界、修羅とは闘争する生き物の世界、畜生とは獣や虫の世界、餓鬼とは死霊《しりょう》の世界、地獄とは生前の悪行によって堕落した者が棲《す》む闇の世界と考えられていた。七歩というのは、神を超える世界に一歩を踏み出したということになる。

天臂城へ帰る必要がなくなった一行は、折り返し迦毘羅城に戻ることになった。念願の王子が生まれたとあって浄飯王や家臣たちの喜びも一入《ひとしお》だったにちがいない。歓喜の凱歌《がいか》が今にも聞こえてくるようである。

ここで王はふたたび太子の将来を占わせることにして、こんどは阿私陀《あしだ》（アシタ）という別の仙人を王宮に呼んだ。ところが阿私陀は太子の顔を見つめながら涙を浮かべるのであった。

「このようなめでたいときに、なぜ泣くのだ？」

阿私陀は答えた。

「この太子は出家して悟りをおひらきになる人物でございましょう。ただ、このお方が説かれる真理の言葉に触れるまで、わたしは生き永らえることができませぬ。そのことがいかにも悲しくてなりませぬ」

先の占夢仙人といい、阿私陀仙人といい、出家をにおわせることばかりを言うのが気になる王であったが、とりあえず学者たちに太子の名前を考えさせ、「ゴータマ・シッダッタ（瞿曇悉《ぐどんしっ》達多《だった》）」と名づけた。ゴータマには「最上の牛」、シッダッタには「目的の成就」という意味がある。水田の耕作に牛は欠かせない。稲作によってサキャ国を裕福に導くリーダーに育てたいと、熱い期待を込めたにちがいない。

しかし、儚《はかな》くも摩耶夫人の命運は尽きようとしていた。その原因や症状については記されていないが、分娩の際に生じた傷が感染症を発症させたのではないか。

太子が生まれたルンビニーから迦毘羅城までの距離は約二五キロである。一日の移動距離を一二、三キロとすると二日ほどかかることになる。四月になるとこの一帯の日中は暑く、四十度を超すことがある。そんな猛暑の中、産後すぐに帰路につけば傷の化膿も速い。おそらく摩耶夫人は高熱をきたし、意識の混濁《こんだく》に陥ったにちがいない。

そのときの不安は察するにあまりある。自分が死んだら誰が太子を育てるというのか、世継ぎを産むことだけが自分の運命なのかと、神に救いを求められたことだろう。だが、無情にも太子を産んで七日目にして息を引きとられてしまった。

やがて妹の摩訶波闍波提が正妃になった。摩訶波闍波提という言葉には「大愛道《だいあいどう》」という原意があるというから、いのちをかけて産んだ姉の忘れ形見の太子に細やかな配慮をしたことは想像に難くないが、やがて彼女も自分の子どもを産むことになる。太子にとっては弟に当たる難陀《なんだ》（ナンダ）という子であった。

難陀はブッダが十五歳のときに生まれた、と私は考えているが、十五といえば人生について悩まれていた時期と一致する。彼女が実母でないことを知らされたのがいつであったかはわからないが、それを聞かされたとき、太子の心に揺らぎがなかったとは考えられない。輪郭《りんかく》もなく追憶さえできない幻の母であっても、想像とともに感情は湧き立ってくる。自分が生まれたばかりに死なせてしまったと思うと罪悪感のようなものが起こるだろうし、いのちを犠牲にして産んでくれたと考えると感謝の気持ちがふくらむこともある。

母の死という感傷からブッダが出家されたとは思えないが、人間は何のために生まれ、死んでどこにいくのか。生死という運命を操《あやつ》る何者かに対する漠然とした疑問のようなものがあったと思われる。

ヒマラヤは、ちっぽけな人間の感傷など無視するかのように無言のままに屹立している。物心つく頃から居並ぶ神のような雄姿を眺めながら過ごしたブッダであれば、人間を操る「何か偉大なもの」が天空に実在していることを感じ、母・摩耶の死も無常の奥に広がる幻への究明心のベースになったはずである。

不信と恐怖の日々

養育係として八人の乳母、八人の子守役、八人の洗浴係、八人の随侍《ずいじ》、遊戯《ゆうぎ》係があてがわれていたというから、幼少期の太子には何不自由のない暮らしが保証されていたことになる。

わが父の邸《やかた》には蓮池《はすいけ》が設けられてあった。そこには、或《あ》る処《ところ》には青蓮華《しょうれんげ》が植えられ、或る処には紅蓮華《ぐれんげ》が植えられ、或る処には白蓮華《びゃくれんげ》が植えられてあったが、それらはただわたくし〔を喜ばす〕ために為されたのであった。わたくしは〔よい香りのする〕カーシー産の栴《せん》檀香《だんこう》以外には決して用いなかった。わたくしの被服はカーシー産のものであった。襯衣《したぎ》はカーシー産のものであった。内衣《ないえ》はカーシー産のものであった。〔邸内を散歩するときにも〕寒・暑、塵、草、〔夜〕露がわたくしに触れることのないように、実にわたくしのために昼夜とも白い傘蓋《さんがい》がたもたれていた。そのわたくしには、三つの宮殿があった。一つは冬のため、一つは夏のため、一つは雨季のためのものであった。それでわたくしは雨季の四ヶ月は雨季に適した宮殿において女だけの伎楽にとりかこまれていて、決して宮殿から下りたことはなかった。他の人々の〔一般の〕邸では、奴僕《ぬぼく》・傭人《ようにん》・使用人には屑米《くずまい》の飯に酸《す》い粥《かゆ》をそえて与えていたが、わたくしの父の邸では奴僕・傭人・使用人には白米と肉との飯が与えられた。（『アングッタラ・ニカーヤ』）

迦毘羅城がどこにあったのかは特定されているわけではない。ネパールでは「テラウラコット」、インドでは「ピプラワー」という場所を主張し綱引きが続いているが、いずれも両国の国境沿いにあって距離としては近い。当時、この周辺が古代インドの版図《はんと》にあったことはまちがいないが、その頃には歴史を文字で伝える風習がなかったので、確たる証拠となるものは残されていないのである。

しかし、発掘調査の結果から、迦毘羅城はネパールのテラウラコットの可能性が大きいようである。私も直感的に、この城はテラウラコットにあったと考えている。少し丘陵になっていて、周囲の田園地帯から心地よい風が吹き抜ける静かな場所である。

文献によると、太子は八歳の頃から「射御《しゃこ》、算計《さんけい》、文芸《ぶんげい》」の修練を課せられたことになっている。射とは弓術、御とは馬術のことである。その頃の迦毘羅城の周辺は密林が多かったので山賊が出没していたという。山賊のみならず敵を追い払うためにも射御は不可欠である。算計は米の石高《こくだか》や国の財政を管理するためである。文芸とは読み書きの国語、あるいは詩を作ることである。この三つは将来の王として身につけておかねばならない帝王学であった。

そのための侍講《じこう》も太子にはあてがわれていたというが、この中で私が注目するのは文芸という科目である。そこには「ヴェーダ」という聖典の学習があったにちがいない。

ヴェーダの歴史は古く、少なくとも太子が生まれる五百年前からあった。ヴェーダはバラモン教の修行者たちが神から聞いた言葉と見なされていて、古代インドの文化的・精神的支柱であり、王族から一般庶民に至るまで厳格に生活倫理の義務が敷かれていた。王族にはインドラ神の再生として人民を保護することが定められていた。

太子は国のために武器をとって敵国と戦わねばならなかった。無辜《むこ》の人びとの血を流さねばならない宿命を背負っていた。だが、太子はヴェーダの学習によって、いのちへの感受性に富む性格になっていた。よって、王族としての立場に悩んでいた。

これはあくまで私の仮説にすぎないのだが、そう考えると、これからのブッダの行動に整合性が生まれるのである。

十二、三歳の頃とされる「雁《かり》」というエピソードがある。太子は空から落ちて来た一羽の雁を拾い上げた。雁は矢に射られて息たえだえの状態であった。それを哀れに思って自分の膝《ひざ》の上で介抱していたとき、一人の使者がやって来た。

「その雁は、わたくしの主人が射落としたものでございます。お返し願います」

太子は答えた。

「誰が射落としたかは知らないが、殺しを目的として矢を射たにもかかわらず、今なお生きているではないか。死んでいないものを渡すことはできぬ」

それを聞いた主人はふたたび使者を送り込んできた。

「生きていようが死んでいようが、自分が射落とした雁であるから返してもらいたい、と主人は怒っております」

「わたしの膝の上で雁は助けを乞うているのだ。この気持ちはわたしが助けてあげたいと思う気持ちと一致している。絶対に渡すことはできぬ」

わずか十二、三歳にしてこの毅然《きぜん》とした態度には、太子のことを良く見せようとする経典《きょうてん》著作者の誇張も感じられるが、生命への傾倒は次の「樹下観耕《じゅげかんこう》」というエピソードからも伝わってくる。

あるとき太子は浄飯王に連れられて春の農耕祭に臨んだことがあった。バラモン神官たちの豊作祈願の祭式の中で浄飯王が大地に鋤《すき》を入れる仕草をすると、それに呼応して奴隷たちがいっせいに牛で畑を耕しはじめた。そのとき急に掘り起こされた小虫たちは、どこからか飛来してきた鳥たちの餌食《えじき》になってしまった。その様子を見た太子は農耕祭を抜け出すと、森の樹下に坐り、いのちについての思考に耽《ふけ》るのであった。

矢に射られて息たえだえの雁、無情にも鋭い嘴《くちばし》でついばまれる小虫たちの悲しみを自分の悲しみとして受け止める共感は優しさの表れといってよい。だが、仏伝の記述はしだいにトーンダウンし、太子が物思いにふさぎ込んでいく様子を伝えている。

十四歳の頃の「四門出遊《しもんしゅつゆう》」という有名なエピソードがある。

郊外の園林を散策するために馬に乗って東の城門から出たところで老人に会い、南の城門を出ると病人に会い、西の城門を出ると死人の屍《しかばね》を見た。最後に北の城門を出たとき、出家修行者の沙門《しゃもん》の姿が目に飛び込んできた。そのたびごとに太子は「あれはなにか？」と侍者に質問して、おだやかな表情で歩んでいる沙門に憧れたという。

老病死について十四歳になるまで知らなかったというのは少し不可解ではあるが、太子の出家を案じた王が無常観の材料になるもの、とりわけ死にそうな病人や老人たちを王宮から追い出したという記述がある。閉鎖空間、純粋培養の世界で太子が育てられたとするならあり得ない話でもない。

八歳の頃から教わってきたヴェーダ教育のままに太子はいつも樹下に坐ったが、それは弱肉強食の世に生きる葛藤であった。たまには従弟の王子たちが三時殿《さんじでん》に遊びにやって来て、政治話を持ちかけることもあっただろうが、近い将来に想像される国家滅亡、あるいは自分の戦死などを考えると、相当に重いものがあったはずである。

だが、死や運命、あるいは神などという話題を持ち出すならば従弟たちから敬遠されるだろうし、語ろうとする気持ちも涸《か》れ果てるというものである。十四、五歳といえば行動的で多感な時期にもかかわらず、太子は孤独であった。

この故《ゆえ》に我は人々と交《まじわ》らず、我にいかなる友もなし（『サンユッタ・ニカーヤ』）

利《り》の為に〔人々は他に〕親近《しんごん》す、無所得の友は今や得ること難《かた》し。
不浄《ふじょう》なる人々には自己の為の慧《え》あり（『スッタニパータ』）

この記述からすると、太子が人間不信に陥っていたことがわかる。そして、次のような回想に触れれば、現世への絶望感まで抱いていた様子が伝わってくる。

殺そうと争闘《そうとう》する人々を見よ。

武器を執《と》って打とうとしたことから恐怖が生じたのである。

わたくしがぞっとしてそれを厭《いと》い離れたその衝撃《しょうげき》を宣《の》べよう。
水の少いところにいる魚のように、人々が慄《ふる》えているのを見て、
また人々が相互に抗争しているのを見て、
わたくしに恐怖が起った。
世界はどこも堅実《けんじつ》ではない。
どの方角でもすべて動揺《どうよう》している。
わたくしは自分のよるべき住所を求めたのであるが、
すでに〔死や苦しみなどに〕とりつかれていないところを見つけなかった。

（『スッタニパータ』）

仏伝には、自分が属するサキャ族の高慢さと規律の乱れに、太子が嫌悪感を抱いていたという記述がある。王宮の大臣たちには威圧的で謙虚さがなく、共和制国家というのに会議も開かれず、各地ではびこる違法行為についても公正な裁きがなかったことがブッダの回想として記されている。

一方、宗主国のコーサラ国の内情も安定していなかったと思われる。コーサラ国はヒマラヤ山脈に点在する部族国家から成立していた。部族国家の政権基盤は中央集権国家に比べて不安

定である。争いや寝返りなども起こりやすい。迦毘羅城とコーサラ国の都城の舎衛城《しゃえい》（サーヴァッティー）との距離は二〇〇キロほどであるが、伝令によって不穏《ふおん》な情報も飛び込んできたにちがいない。

むろん、絶望感はあっても仕事もせず、悩みに沈んでばかりいたとは考えられない。聡明な太子のことである。やがては父に代わって国を担わねばならないという自覚もどこかにあって、米の収穫高を計算したり、交易の隊商を守るための警護などの任務に就いたりすることもあったかもしれない。若い頃の太子の行動範囲は明らかではないが、もし他国に足を踏み入れたとするなら、周辺諸国の軍事情報を感じ取っていたはずである。

それにしても、若い頃のブッダは正義感が強く、妥協を許さない性格だったようである。実存的苦悩を抱えている人のほとんどは、そこから起こる人間不信と厭世観《えんせいかん》のようなものを抱えつつも、迎合《げいごう》しながら流されて生きるようである。

しかし、太子はかたくななまでに妥協を拒んだ。己が生きる現実と未来にはまったく希望を見出せなかった。その原因はすべてヴェーダ聖典にあったと考えられるのである。

ヴェーダの世界

そもそもインドという国はアーリア人によって統一された国家である。むろん、アーリアという国家があったわけではなく、南東ヨーロッパから中央アジア一帯にいた牧畜民族の総称である。彼らは紀元前一五〇〇年頃から前一二〇〇年頃にかけ、何回かに分けてインド北西部に移住してきた。

内陸部は寒暖の差が激しく、穀物栽培も困難であるが、インドは暑いもののガンジス河による肥沃な大地がある。それを求めて牧畜民族は馬を操り、ヒマラヤの氷河の谷を伝って波状的に侵入を繰り返しながら、弱小のインド先住民族・ドラヴィダ族を制圧していった。

そして、その過程でアーリア人とドラヴィダ族が有していた信仰の融合現象が起こった。異民族を支配するためには武力だけではなく、宗教の力が必要と彼らは考えたのだろう。ドラヴィダ族の信仰は山や河、雷や火などの自然、あるいは動物に畏敬の念を抱く精霊信仰であったが、アーリア人はそのような先住民族の信仰の上に、「ブラフマン」（梵天神《ぼんてんしん》）という神をかぶせた、と考えられる。

ブラフマンという神は、まだ大宇宙が無であった時代、自らがつくった水の中に一つの種子

「黄金の卵」（ヒラニヤガルバ）を置き、成長した卵から天地をはじめとする地上の万物を創造した、宇宙最高原理の虚空神《こくうしん》と見なされていた。

まず、アーリア人はインド支配を徹底させるために、「ヴァルナ」（色という意味）という身分制度を定着させ、自分たちをバラモン、クシャトリア、ヴァイシャと上部階層に置き、先住民族をシュードラとして支配下に置いた。

一、皮膚の色が白い人種はバラモン（神官）
二、色が赤色の人種はクシャトリア（王族）
三、色が黄色の人種はヴァイシャ（商人や農民などの庶民）
四、色が黒色の人種はシュードラ（奴隷）

これが、いわゆる「カースト制度」と呼ばれるものである。

この制度には太子が生まれる以前から厳格なしきたりがあって、最下層のシュードラ階層は上部階層が居住する区域に住むことを禁止されていた。彼らに触れると穢《けが》れが生じるとさえ考えられていたので、街に入るときには木を叩く合図をして自分たちが来ていることを示さねばならなかった。上部階層からは使役のために雇用されていたが、職業や服装などの点でも厳しい差別を受け、死体の処理や死刑の執行など不浄な仕事に従事させられていた。こうした身分差別の根拠については次のように示されている。


彼らがプルシャを〔切り〕分かちたるとき、いくばくの部分に分割したりしや。

彼（プルシャ）の口は何になれるや、両腕《りょううで》は何に。両腿《りょうもも》は何と、両足《りょうあし》は何と呼ばるるや。

彼の口はブラーフマナ（バラモン、祭官階級）なりき。

両腕はラージャニア（王族・武人階級）となされたり。

彼の両腿はすなわちヴァイシア（庶民階級）なり。

両足よりシュードラ（奴婢《ぬひ》階級）生じたり。


（『リグ・ヴェーダ』）

よくはわからないのだが、『リグ・ヴェーダ』の「プルシャの歌」では、プルシャ（原人）と呼ばれるものがいて、その口から生まれたのがバラモン階層、その腕から生まれたのがラージャニア、つまりクシャトリア階層、その腿から生まれたのがヴァイシャ階層、そしてその足から生まれたのがシュードラ階層であった。

また、アーリア人は各階層の役割も明確に区分した。神々の世界においてアグニという火神がバラモンという種族で地上に降り立ったのだから、ヴェーダを学習し、ヴェーダを教え、神の言葉を伝える自分たちは布施を受けるに値する偉大な存在と誇示した。

一方、神々の世界においてインドラという戦闘の役目を担っていた神はクシャトリアとして地上に下ったのだから、クシャトリアは王族としての法を学んで人民を保護し、祭式を行ってバラモンに布施しなければならないと説いた。

また、その下位のヴァイシャに対しては家畜を保護し、生産の業務に当たり、経済を担い、祭式を行ってバラモンに布施することを規律として命じた。

そして、最下層のシュードラには、かつて神々の世界において手足となって働いていた神がシュードラという奴隷として生まれ変わったのだから、上部階層に奉仕するよう義務づけた。

このようにアーリア人のバラモン神官は神の世界の仕組みをそのまま地上に下ろす一方で、クシャトリアやヴァイシャ階層のために祭式を行うのであった。そしてこれを信じず、けなす者への恐喝《きょうかつ》もあった。


バラモンに唾《つば》を吐《は》き、或《ある》いは鼻汁《はなじる》をかけたる者どもは、毛髪《もうはつ》を嚙《か》みつつ、血の流の中央に坐《ざ》す（地獄の情景）。

（『アタルヴァ・ヴェーダ』）

バラモンの祭式

バラモン神官の祭式は現世利益《げんぜりやく》のための祈禱《きとう》である。『アタルヴァ・ヴェーダ』という文献の中には、開運・繁栄・安穏《あんのん》を目的とする増益《ぞうえき》法、罪垢《ざいく》・凶兆《きょうちょう》・悪夢を払拭《ふっしょく》する贖罪《しょくざい》法、健康長寿のための息災法、悪魔怨敵を克服する調伏《ちょうぶく》法、他人の呪詛《じゅそ》を退散する反撃法、あるいは恋愛・懐妊を成就させる婦女《ぶにょ》法などがあった。

祈願の場所としては寺院のような建物の中ではなく、森の中で行うのである。霊木《れいぼく》が密集する森の中に神がいると考えられていたから、その地中に穴を掘って牛や馬や羊などの犠牲獣を埋め、その上に蓮の葉、次に太陽を意味する黄金の円盤、さらにその上にヒラニヤプルシャと呼ばれる黄金の神の人形を置く。そして、その上にレンガで鷲《わし》の形をした五層の祭火壇をつくり、祭火の中にさまざまな供物《くもつ》を投げ入れ、マントラを唱えながら神々を呼び寄せるのであった。

その中でも国の繁栄に関する国王法は、王族が挙《こぞ》って参加する大きな式典であった。中心の祭神はアグニ（火神）、インドラ（雷神）。太子の頃にはこの二神を中心とする祭祀《さいし》が習慣で、戦勝と王位を可能にするための「アグニチャヤナ祭式」というものが行われていたようである。

この「アグニチャヤナ祭式」の「アグニ」とはブラフマンの化神《けしん》のことであるが、赤色の体に炎の衣をまとい、二面二臂《ひ》で七枚の舌を持つ姿で描かれている。じつは、これが不動明王《ふどうみょうおう》の原型である。不動明王は火炎の中に立ち、右手に剣を、左手に綱を持っている。これは敵を斬り、捕縛する姿を物語っている。

祈禱というのは神を勧請《かんじょう》することによって現世利益を得る手段である。「雑密《ぞうみつ》」と呼ばれているが、これがインドのブラフマンの下に統合され、やがて中国にもたらされることになる。それを弘法大師《こうぼうたいし》・空海《くうかい》が「純密《じゅんみつ》」として日本に持ち込んだ。その本尊は大日如来《だいにちにょらい》であり、不動明王を大日の使者と見なした。そして、平安時代には貴族の病魔退散、権力を排除する妬《ねた》みの呪詛、その呪詛を逆に神の力によって退散させるための陰《かげ》祈禱による反撃法にもなった。

これは民間でも行われ、雑密行者として神秘の力を自分の体に取り込み、心身の鍛錬《たんれん》を図ることもあった。例えば、密教の守護神に「孔雀明王《くじゃくみょうおう》」という神がいる。これはもともと孔雀が害虫やコブラなどの毒蛇を食べることから、災厄や苦痛を取り除く功徳《くどく》をもたらす雑密の神と見なされていた。医療が発展していない当時において、孔雀がコブラを食べても毒に侵されないのは宇宙の神から抗体を与えられているからと考えて、孔雀明王の耐性力を引き寄せるというわけである。

私は幼い頃、密教行者たちが滝の水に打たれながら両手で忍者のような印《いん》を組み、それを上下左右に振り回しながら、「キエーッ、キエーッ」と叫んでいる光景を見たことがあった。後でそれが孔雀の鳴き声であることがわかった。密教の形態や変容は一口には語れないが、これは基本的にバラモン教と大乗仏教が融合したものである。

ウパニシャッド哲学

この「ヴェーダ」の中に「ウパニシャッド」という哲学書がある。これはヴェーダの中では「奥義書《おうぎしょ》」と見なされているが、長い歴史の中でヴェーダが編纂されていくうちに、その末尾に付け加えられたのだろう。おそらく、祭式万能主義に対するバラモン内部からの反発に起こったにちがいない。つまり、祭式中心のバラモン教に飽き足らない者がいて、密林の奥深くで人間を考察するのである。「奥義書」というのは、そうした奥深い生命真理を追究するバラモン修行者たちの間で徐々につくられていったものであろう。

ウパニシャッドという言葉の原意は「近くに坐《ざ》す」である。弟子が師匠と対坐して宇宙と人間の心に通い合う秘密の法を学ぶ。目的は二度と生まれ変わらない解脱《げだつ》の「天道《てんどう》」と、死後に生まれ変わる「祖道《そどう》」に関する法を修得するためであった。

『チャーンドーギヤ・ウパニシャッド』によると、森林において苦行《くぎょう》した者は、火葬の炎から太陽や月や雷になり、そこに「人間ならざる者」が現れて梵《ぼん》（ブラフマン）のもとに導く、と記されている。これが天道（神道）である。

一方、祭式やバラモンへの布施をなす者の霊魂《れいこん》は、その功徳によって火葬の後、煙に乗って夜の世界へ行き、半月、半年を過ぎて祖霊の世界に至り、虚空に入り、月に入る。そこで一定期間を過ごしたのち、同じ道を通ってふたたび虚空に戻り、風、煙、霧、雲、最後に雨となって地上に降り注いでくる。そして死者の霊魂は米、麦などの食物として地上に生まれ変わり、それを食べた男から母の胎内に入り、この世に生まれ出てくる、と記されている。これが祖道（輪廻）である。

ちなみに、「輪廻転生《りんねてんしょう》」というものは「五火《ごか》・二道説《にどうせつ》」の中の祖道のことである。「五火」というのは、人間は次の五段階で輪廻するという考え方である。

一、死者は火葬されたのちに月に行く。
二、そこから雨となってふたたび地上に落ちてくる。
三、植物に吸収されて穀物となる。
四、それを食べた男の精子となる。

五、女との性交により胎児となり、この世に再生する。

バラモン教徒の規範である『マヌ法典』では、万物が存在する様態の決定因〔グナ〕をアートマンの構成要素として「サットヴァ」〔純質〕、「ラジャス」〔激質〕、「タマス」〔暗質〕の三つに分けている。

これらのうちのいずれかのグナが身体の中で圧倒的に優勢となるとき、かの〔偉大なる〕者は、身体を持つものをして、そのグナを主要素とするものにする。

サットヴァは知、タマスは無知、ラジャスは愛と憎悪であると言われる。これが〔いっさいに〕遍在し、いっさいの存在の中に宿るそれらの姿である。〔『マヌ法典』〕

そして、この三つを低級な意識レベルから高度な意識レベルまで、さらに上中下の三段階に分けている。そこではすべての者が人間に生まれ変わるとはかぎらず、植物、虫、魚、蛇、亀、家畜、旅芸人、俳優、賭博・飲酒に耽る者、論争好き、戦闘好き、神々の従者、バラモン神官、神などに生まれ変わると示されている。

ここで問題となるのは、戦争では植物も虫も人間も殺されるということにある。輪廻を前提とすると、虫や鳥を殺すということは人間を殺すということになる。八歳の頃からそのようなヴェーダ思想を学習すれば、太子にとって戦争は人間として最悪の殺傷行為に映ったにちがいない。

のちに仏教は木の芽や虫が地面に這《は》い出す雨期の外出を控える「雨安居《うあんご》」という慣習をつくる。当時あったジャイナ教という宗教にもこの習慣はあったが、同様の生命愛がブッダの原点にあったことからすると、あの雁の話も樹下観耕のエピソードもうなずけるものがある。

当時の人びと、特にシュードラ階層にとって、生きるということは苦しみそのものであった。彼らは親の借財の抵当としてバラモン神官や王族や商人階級の奴隷に送り込まれ、女性は清掃、水汲み、炊事、農耕、家畜の世話、娼婦となり、男性もまた肉体労働、従軍などをさせられ、転売されることもあった。

家族の一員と見なす優しい主人もいないことはなかったが、大多数は毎日のように罵倒《ばとう》されるのであった。バラモン神官が唱えるヴェーダの呪文を聞くと耳を削ぎ落とされたり、それを読むと舌を切り落とされたり、それを記憶しているのならば体を切断されることもあった。卑《いや》しい身分の者が神の言葉に触れることは最大の冒瀆《ぼうとく》と見なされていた。

そんな仕打ちから逃げ出そうとしても監視の目が光っていて、捕まれば処刑された。仮に逃げ出せたとしても、たどりついた村から受け入れてもらえないので漂泊の果ての餓死しかなかった。この差別は「神の言葉」という大義名分から起こり、社会全体の秩序として機能していたので、シュードラ階層は服従せざるを得ないものがあった。

現代のインドでも、シュードラ階層は上部階層に対してほとんどが「イエス、サー」である。「おい、タバコを買ってこい」、「おい、ここを拭《ふ》け」という命令口調にも「イエス、サー」。そんな傲慢《ごうまん》な態度をとる上部階層を見ると、「あなたたちはそんなに偉いのか？」と言いたくもなる。最初にインドを訪問した折、バラモン出身のガイドに問いただすと次のような言葉が返ってきた。

「なあに、あの人たちがシュードラとして生まれてきたのは、前世でつくってきた悪業《あくごう》のせいなのです。今のうちに為すべきことをきちんとしたら、人間に再生することができるのですが、反発や悪事をはたらくと来世ではコブラに生まれ変わるかもしれないのです」

コブラに生まれ変わりたいと願う者は誰もいないが、それを逆手にとって「神の教え」と吹き込まれると従う以外にはない。彼らは素直に動くことで、来世では少しましな生活ができると信じている。頭ごなしの命令にも笑顔で動く光景に触れれば哀れさが募るが、人権を振り回したところで外国人の余計なお節介のように思えてくる。だが、本音として顎《あご》で命令される本人たちにとっては苦しいはずである。

生きる切なさはシュードラだけが感じていたのではなく、一般庶民のヴァイシャ階層も同様であった。天災、飢饉《ききん》、疫病、戦乱などあらゆる不幸がついて回るインド。そんな苛酷な環境に投げ出された人生を、彼らはけっして楽しいとは感じなかったのである。

しかも死んだ後、何に生まれ変わるかというと、生きている間にどんな行いをしたかで決まる。どのような行為の業《ごう》を積んだかによって次の生が決定する。悪業を積めば蛇や虫けら、善《ぜん》業《ごう》を積めばましな生き物、例えば、人間に生まれ変わることができるという思想が社会の末端まで浸透していた。

だが、人間に生まれ変わったとしても所詮は苦。理想は二度と生まれ変わらずに済む天道にあったが、食べることに追われる彼らに修行などできるはずがない。バラモンだけが偉いのだ、と絶望に沈む以外にはなかったことになる。

このような思想が生まれた背景には、インド特有の気象が考えられる。インドは真夏ともなれば五十度を超すことがあり、しかもアラビア海のモンスーンがもたらす激しいスコールがある。スコールがやって来ると田畑や家が流されることもあるが、人間の感傷など無視するかのように、ガンジス河や大地の水は水蒸気になって天に去っていく。水蒸気、雲、雨、海という天と地の循環。このダイナミックな気象がウパニシャッドの輪廻思想を生んだにちがいない。そして、この思想は時間についての特殊な考え方を生み出すことになる。時間を直線的な流れとして考える西洋人に対して、インド人は円と見る。現世の幸不幸の原因は前世の業によって起こり、現世の因が未来の結果を招くと考えるのである。

自然の気象と輪廻の生命観を同等に見なすのは早計かもしれないが、古代インドの人びとは人間の生命を天地の法則が貫かれている模型のように考えていた。むろん、その輪廻の主体は「霊魂」である。当時、一世を風靡《ふうび》していたバラモン教では「アートマン」、ジャイナ教では「ジーヴァ」と呼び、その霊魂に業が蓄積され、その業によって行為も翻弄《ほんろう》され、未来に流れていくと説いていた。

それにしても、輪廻転生というものが実際にあるのかどうか。現代科学では未知の領域である。昔の日本人は何か不幸なことが続くと、「これは業なのか」、「前世が悪かったからか」と考えたが、科学的合理主義者からすると一笑に付されるかもしれない。

だが、東南アジアの仏教諸国の人びとの中には、今でも前世の存在を信じている人が少なくない。ミャンマーでは牛車に轢《ひ》かれて死んだ女の子が、近くの家に間もなく生まれ変わってきて、牛車に轢かれたときのこと、小さい頃の両親の思い出、家の様子まで言い当てたという。

彼女は前世での両親、現世での両親の双方から可愛がられているそうである。

私個人としては、輪廻はあると信じている。

かつて遠い昔にインドにいたこと、中国、朝鮮、日本へと巡って来たような感触があるのである。インドでは大きな木の下で経典の話を聴いていたような感じがするし、中国ではあちこちの僧に会って経典を貸し借りする仕事をしていたような気がする。中学の頃、「推敲《すいこう》」という文字について先生が説明したとき、教科書に載っている月光の下で門を叩く僧侶を描いたカットを見て、なぜか懐かしく涙したことがある。

朝鮮では李《り》王朝時代に王女の侍講を務めていたが、同僚の僧の妬みから、王女と親しげに話していたことが不敬罪となり、失脚させられたような記憶がある。初めて韓国を訪問したとき、寺の門を見上げた瞬間、つらかった過去の思い出が蘇《よみがえ》ってきたことがあった。

日本では友禅染めの職人になった。信仰心の篤い職人であったが、仕事の失敗の責任を押しつけられ辞めさせられた。今でも友禅染めを見ると、あの鴨川かどこかの川で、冷たく寒い思いをしたような記憶が感情に乗って蘇ってくる。そのためか、私は人間の嫉妬《しっと》や裏切りというものに極端な嫌悪感を抱いている。

むろん、その証明はできないのであるが、感情というものは意業《いごう》として蓄積され、前世の出来事で紡がれてきた意識の業も現世での感情を作動させる、と私は考えている。よって、感情や思考には前世で紡がれた要素があると言わざるを得ない。

仏教はその罪業《ざいごう》の消滅を教えているので、私は大学を卒業して寺に帰ると、毎日、「無始已《むしい》来法謗《らいほうぼう》　六根懺悔《ろっこんざんげ》　罪障消滅《ざいしょうしょうめつ》」と仏前で祈った。罪の自覚はなかったのだが、大学時代に傷つけられたことがトラウマとなって苦しんでいたからである。

それは私が前世から持ち続けてきた業だったのかもしれないし、生まれ変わりながら信仰のご縁を得てきたにもかかわらず、抜本的には罪障消滅ができていなかったからかもしれない。おかげで、今では些細《ささい》なことで感情が乱れることはなくなったが、病んでいた過去のことを思い出すと古傷の痛みが蘇ってくる。

人間は業の産物である。自分の業もあれば相手にも業がある。人間関係の苦悩の背景には、互いの業と業の歪《ゆが》んだねじれ合いがある。要は他人の業に振り回されない主体、善業をつくる以外にはないのだが、気にしないというのはたしかにむずかしい。それを変えてくれるものは楽しい家族や友人という環境しかないように思われる。

心霊学研究が発達しているアメリカでは、精神科医や心理学者などが人間の生まれ変わりの事実を挙げているが、輪廻思想なるものは古代エジプトやギリシャ、あるいはキリスト教やユダヤ教などでも信じられていたようである。例えば、キリスト教ではイエス・キリスト自身がパリサイ人に次のように語っている。

肉から生まれたものは肉である。
霊から生まれた者は霊である。
「あなたがたは新たに生まれねばならない」と
あなたに言ったことに、驚いてはならない。
（新約聖書『ヨハネによる福音書』）

初期のキリスト教では輪廻転生は信じられていたが、魂の生まれ変わりを認めれば贖罪の恵みが薄れるので、キリスト教がローマ帝国の国教となったとき、新約聖書にあった輪廻転生の記述を消去してしまったといわれている。

一方、プラトン著の『パイドン』によると、ソクラテスは死んだ人たちの魂について、昔からの教説を引いて語っている。

魂はこの世からあの世へと到り、
そこに存在し、

再びあの世から到来して、
死者たちから生まれる

（プラトン『パイドン』）

死とともに感情や意志や智慧《ちえ》などを含んだ霊魂が虚空に上っていき、死と生をぐるぐる繰り返す、と教えるのはウパニシャッドだけではなく、古今東西、世界各地で信じられてきたようである。

では、ブッダはどうであったかといえば、八歳の頃からヴェーダ聖典を学んでいたとするなら、輪廻の存在は常識の範囲であったはずである。現代の仏教学では、ブッダは霊魂や輪廻の存在を否定されたことになっているが、私にはそうは思われない。

そのことは後述することにして、当時の太子はインドラ神の化身としての輪廻のくびきからどうすれば抜け出せるか、という疑問と苦悩でいっぱいだったはずである。アグニという神とインドラという神の関係は正確にはわからないのだが、インドラという神は日本では「帝釈《たいしゃく》天《てん》」と呼ばれている。その険しい眉間《みけん》と鎧姿《よろいすがた》からわかるように戦闘神の象徴である。

当時の王族の戦法としては象によって敵を踏みつぶさせたり、馬車の車輪に鉄製の武器をつけて敵の戦車を破壊したりするのが常套《じょうとう》手段であった。だが、じつはヴェーダが王族に課していた規律は、人を殺傷して国を広げる覇王ではなく、聖王としての道であった。当時の王族には「転輪聖王《てんりんじょうおう》」という理想像があった。できるだけ戦わずして勝つという転輪聖王の智慧の頭脳作戦が最上のものとされていた。そこでおそらく王族たちは、理想と現実の狭間に苦しみながら自分たちの真理を勉強したにちがいない。

ウパニシャッド哲学の興隆には、婆羅門《ばらもん》のみならず王族も亦《また》大いに寄与する所があった。自己の宮廷に多数の学匠《がくしょう》を集め、大規模な討論会を催し、夥《おびただ》しき賞を懸《か》けて真理の追求を念願とし……

（辻直四郎『ヴェーダとウパニシャッド』）

インドラ神の化身として生まれ変わるしかないとされていたクシャトリア階層が、賞金を懸けてまでもウパニシャッドの討論会を開いていた理由は、「転輪聖王」としての理想の政治を行い、争いのない世界を建設することが真理の道として義務づけられていたからであろう。

しかし、理想がどうであろうと、現実は殺傷の世。そこに嫌悪を感じる太子にしてみれば絶望に傾斜していくのは無理もない。クシャトリア階層とはいえ、太子はシュートラと等しい存在であった。戦争という牢獄に縛られた奴隷、あるいは王宮という杭につながれ、戦うことだけを宿命づけられた闘牛のような心境であったにちがいない。

当時のインドにおける王族は戦勝や王家安泰のための祭式を受けていたが、その中で太子は祭式の神秘を信じざるを得ないほど衝撃的な体験をしていたことだろう。ある文献に「呪術《じゅじゅつ》」、「詐術《さじゅつ》」と呼ばれる「裏《うら》の法」があったとされているから、憑依《ひょうい》現象などの光景を目にしたとするなら、太子はバラモンの言葉を信じざるを得なかったにちがいない。

日本の平安時代には、「物《もの》の怪《け》」についての説話が文献に多く見られる。僧侶や修験者《しゅげんじゃ》が加持《かじ》祈禱を行い、物の怪を女中、童子などに一時的に乗り移らせることで調伏して病気を平癒《へいゆ》するといったことが行われていたが、同じように太子も憑依、調伏、呪詛、退散などの祭式による神秘に触れたと思われるのである。

これは私の体験であるが、しばらくお付き合い願いたい。

例えば、「稲荷《いなり》」という神がいる。もともとこれは荼枳尼《だきに》（ダーキニー）というインドの神であった。密教が中国に伝来した後に遣唐使が日本にその神霊を持ち帰ったとされている。

私は二十八歳のとき、在家で祀《まつ》られていたお稲荷さんのことで失敗したことがあった。それを語ると長くなるので割愛《かつあい》するが、それからというものお稲荷さんを大切にするよう、在家の人びとに教えていた。するとある日、枕元に一人のお稲荷さんが現れて私に言った。

「あなたは我々の世界では人気があります。困ったことが起こったら、どうぞわたしをお呼びください。お手伝いいたします」

むろん、困っても呼ぶことはなかったが、目に見えない神の世界の一部を知った気がした。

その後、堕落した「狐霊《これい》」による恐怖の体験をさせられたこともあった。ある事情を抱えた女性と乳児をしばらく寺に預かったことがあった。彼女には狐霊が憑依していた。ある暖かな朝、彼女は陽だまりの下で経文《きょうもん》を読んでいた。

「今日の体調はどう？」

「はあ、少しはいいんですが……」

「狐などに負けたらいけないよ。気持ちを強く持ちなさい」

ところがその瞬間、彼女の口角が裂け、犬のようによだれを流し、目を血走らせて歯をむき出しにして、噛み殺そうと攻撃してきた。念じながら経典でその女性の頭をバシッと叩くとハッと我に返ったが、それもつかの間、ふたたび意識が支配されていくのであった。

彼女には「考えるな、無視しなさい」と説得するが、自分の意識の中から声が聞こえてくるのだから無視はできないようであった。

現代医学ではこれを一種の統合失調症のように見なすだろうが、実際にこのような低級な動物霊によるおぞましい憑依現象があって、いくら薬を飲んでも治らず、かえって悪化することもある。このような恐怖の体験はたくさんあって、例えば、こちらが太鼓を叩いて祈禱をすると、憑依している狐も錫杖《しゃくじょう》を鳴らして反撃してきたこともあった。

「手を引け、おまえには関係ない。殺すぞ」

憑依した狐は恐喝してくるし、身内からは家族を助けてほしいと頼まれる。「神なら神らしくしろ」と祈禱で反撃すると一時的には収まるものの、人間の意識界を牛耳《ぎゅうじ》るしつこさは体力を消耗させられるほどであった。

代々家付きの神を祀りきれなくなり、粗末にする家にはこうした現象がある。祀ってもらえないから神であっても食べられない。その結果、人間を恐喝して祭祀させる。このような恐怖の体験から、この物質世界の裏には、人間世界と同じような霊魂の世界が存在していることを強く思い知らされたものである。

おそらく、太子もバラモン神官に神が憑依して異言《いごん》を吐く光景、人間の欲に付け込んだ悪《あく》霊《りょう》の憑着《ひょうちゃく》による病気、一夫多妻制から起こる家門継承上の呪詛、あるいはその退散調伏などの祭式に不思議な光景を見せつけられたことがあったはずである。バラモン神官の中には、高級な神霊ばかりではなく低級な使役霊を操る者もいたにちがいない。

ともかく太子はヴェーダの神秘を信じざるを得なくなり、その神秘を信じるがゆえにインドラ神の再生として、国のために殺傷の人生から逃れることはできないという思考に支配されていったのではないだろうか。

しかし、浄飯王はそのような太子の気持ちなどまったく知る由もなく、鬱屈《うっくつ》した気分を晴らさせようと、女どもを太子の周囲に群がらせるのであった。

太子園林《おんりん》に入れば　衆女来《しゅうにょきた》って奉迎《ほうげい》し、並びに希遇想《きぐうそう》を生じ　媚《び》を競《きそ》ふて幽誠《ゆうぜい》を進め各々妖なる姿態《したい》を盡《つく》し　供侍《くじ》して所宜《しょぎ》に随《したが》へり。或《ある》ひは手足《しゅそく》を執《と》る有り　或ひは遍《めぐ》って其身を摩せり。或ひは復対《またこた》へて言笑《ごんしょう》し、或ひは憂戚《うしゃく》の容を現し、以《もっ》て太子を悦ばし、愛楽《あいぎょう》の心を生ぜしめんと規す。　（『仏所行讃』）

（太子が園林に入ると、大勢の侍女たちが嬉しそうに出迎え、争うように機嫌をうかがい、奥ゆかしそうにしながらエロチックな様子で身の回りの世話をした。太子の手足をとって肌をなでる者もあれば、楽しそうに笑顔で語りかけたり、中には何か悲しそうな表情で接したりしながら太子を悦ばせ、恋心を起こさせようとした）

王は、肉体的な快楽を味わわせることで出家をあきらめさせようとしたのだろう。いろいろな経典に性の快楽を否定する記述が散見されることから、太子が性の悦楽に苦しみを忘れようとしたことは想像に難くない。

だが、それで自分の実存的苦悩が解消されるわけではなく、むしろ性の快楽への過度の追求が己の心を破壊するものであることに気づいたにちがいない。こうして、そもそもなぜ神が自分を王宮に投げ落としたのか、自分の置かれた運命についての疑問と葛藤から、神の摂理を究めようとする求道心が高められていったのではないだろうか。

ヴェーダという重み、高慢なサキャ族、名王と慕われる父王、その後継者としての期待を裏切ることで買わねばならない神の怒りなど、いくら考えても仕方のないことではあったが、母もなく、友もなく、家臣に対して弱音を漏らすわけにもいかず、本音を閉ざして表面をつくろう日々、おぼえめでたく生きる人生を太子は承服できなかったのである。そうした自己の運命への葛藤が太子を出家に傾斜させていったと考えるのが順当であろう。

アーシュラマの風

出家の追い風として、当時のインドに「アーシュラマ」（四住期《しじゅうき》思想）という風が吹いていたことも見逃せない。

一、学生期《がくしょうき》（ブラフマチャルヤ）
二、家住期《かじゅうき》（ガールハスティア）

三、林棲期《りんせい》（ヴァーナプラスタ）
四、遊行期《ゆぎょう》（サンニャーサ）

これは一般的にはバラモン教の後に興ったヒンドゥー教によって敷かれた人生の理想コースとされているが、当時のバラモン教にもその原型があったようである。

まず人生の四分の一、つまり八歳から十五歳までは「学生期」とされ、師の家に泊まり込んで、インドの歴史やブラフマンの真理をヴェーダに学び、人格形成のベースに費やす期間とされていた。

第二の四分の一、十五歳くらいから三十代半ばまでは、家業を手伝い、結婚して子どもをもうけ、仕事に励んで家族を養わねばならない「家住期」という期間があった。

第三の四分の一である三十代半ばから四十歳の頃になると、ほぼ子どもも成長し、経済的にも困らなくなるので財産を妻や子に託し、あるいは妻を伴って出家して森の中に移住する「林棲期」というものがあった。

そして、最後の四分の一である四十代以降の人生には、林棲期に体得した自分の宗教体験や悟りを一般の人びとに伝えたり、弟子たちに教えたりしながら各地を遍歴する「遊行期」なるものがあった。

例えば、学生期はバラモンの師の家で太陽や星座と対しつつヴェーダの学習に励み、林棲期には森の中に祭壇を設けて、自分の体を灯明に見立てて坐禅やヨーガを行いながら、絶対神のブラフマンと一体化する修行に励む、そして最後の遊行期になると遍歴修行に入る。

そこには現代のような感覚はまったくない。孤独死であろうと病死であろうと、死の形態は問題外で野垂《のた》れ死《じ》にも可とされ、真理を追究する生き方に人間の尊厳や人生の価値を置いていたのである。

それがアーシュラマの規律であったわけであるが、こうした人生区分は順次に経過すべきものと決められていて、各段階に応じて生活倫理の義務が厳しく定められていた。特に出家者に対しては厳しい規律があった。

出家《しゅっけ》は乞食《こつじき》に依《よ》る、此《ここ》に於《お》いて乃至《ないし》命終《いのちお》わるまで勤《いそし》むべし、(略)出家は糞掃衣《ふんぞうえ》に依《よ》る、此に於て乃至命終るまで勤むべし、(略)出家は樹下坐《じゅげざ》に依る、此に於て乃至命終るまで勤むべし、(略)出家は陳棄薬《ちんきやく》に依る、此に於て乃至命終るまで勤むべし

(『ヴィナヤ・マハーヴァッガ』)

「糞掃衣」というのはゴミの中に捨てられた衣を縫い合わせてつくった僧衣のこと、「樹下

坐」とは木の下での修行、「陳棄薬」とは病気になった場合に服用する排泄物のことである。それにしても絹の衣服を身につけ、温かい緞子《どんす》の寝具に眠り、高価な薬草で健康を保っていた太子にとっては厳しい規律であったことになる。だが、そこまでして悟りをひらく者が出るとなると、それはもう一族の最高の名誉であり、当時はこのコースに乗ることがエリートと見なされていた。

しかし、何としても太子を王宮につなぎ止めなければならない浄飯王としては、十六歳になった太子に耶輸陀羅《やしゅだら》（ヤショーダラー）という女性を妻に迎えさせた。彼女がコーリヤ国の耶《や》輸《ゆ》という大臣の娘であったこと、十三歳という年端《としは》もいかない少女であったこと、また太子が武術競技で従弟の提婆達多《だいばだった》（デーヴァダッタ）という人物から彼女を奪い取ったことが仏伝に紹介されている。

ただ、太子の性格からして賞品にされた女性を妻に迎えるとは考えられないし、その頃になると武術そのものへの意欲も失せていたはずである。これも太子を文武両道の優秀な人物に仕立て上げるための経典著作者の誇張的演出としか考えられない。

演出といえば、羅睺羅《らごら》（ラーフラ）のこともある。羅睺羅は太子と耶輸陀羅の間の子どもであるが、仏伝はこのラーフラという言葉の意味を「障碍《しょうげ》・束縛《そくばく》」としている。ひらたく言えば「邪魔者」ということになる。

一説によると、あまりに可愛い子どもが生まれたため、出家の後ろ髪を引かれて太子がそう名づけたとか、「この子は自分の出家を妨げる障害になるだろう」とつぶやいた太子の言葉を家臣が命名と勘ちがいして名づけたとも伝えられているが、いずれにしても近年まで「邪魔者」という意味が仏教界の通説となっていた。

しかし、生命愛に富む太子がそんな名前を我が子に贈ることはあり得ない。古代インド語によると、ラーフラには「ナーガ（龍）の頭」という原意があり、サキャ族のトーテム、つまり民族の象徴は「龍」であったともされている。このことからすると羅睺羅というのはサキャ族の頭、つまりサキャ族の長、後継ぎという意味になる。浄飯王が孫に良い名前がつけられたと喜んでいる記述もあることから、これを「邪魔者」という意味に解釈するのはどうも錯誤《さくご》のようである。これまた、断ち難い恩愛の絆を断って出家されたブッダの偉大さを強調するあまりの後づけという見方しかできない。

浄飯王と摩訶波闍波提にしてみれば、子どもができたのだから、太子が情にほだされて出家することはないと甘く考えていたのだろうが、それはまったくの誤算であった。なぜなら太子にしてみれば羅睺羅が生まれたのだから、「出家は後継者ができてから」というアーシュラマの条件が整ったことになる。

足しげく王宮に通い、出家を父王に願い出たにちがいない。言い争いもあったことだろう。

「この国はどうなる！」

「政治に関心はございませぬ」

「羅睺羅を父なし子にするつもりか！」

浄飯王は必死に説得し、摩訶波闍波提も涙で慰留《いりゅう》したにちがいない。両親の気持ちがわかるだけに太子自身にも葛藤はあっただろうが、それも今にはじまったことではなかった。

太子が願っていたのは「梵《ぼん》我《が》一如《いちにょ》」の修行に入ることであった。ウパニシャッドは、梵我一如の修行によって輪廻転生から免れることができると教えていた。それは二度と人間界に戻ることはない「天道」に入る唯一の方法であった。


世の中には、生まれつき幸福な人がいる一方で、どんなに努力をしても報われない人がいる。やるせなさを払拭したいと願う人には生きる意味についての疑問が起こってくるが、仕方なく現実を生き抜くだけだろう。

その点、私は幸せであった。僧侶という仕事にあれほど抵抗を感じていたというのに、本格的な修行に入ると、目に見えない「何か偉大なもの」との触れ合いに喜びを感じるようになった。人霊《じんれい》や神霊による障害に関する問題を解決するのが大好きになり、率先してそれらの霊魂現象の中に飛び込んだものである。ときには神罰のようなものを受けることもあったが、いったいこの世はどうなっているのか、目に見えない真理の世界を探究したいという気持ちの方が勝っていた。それが私の寺の内部で吹いていた風であった。

太子の背後からは梵我一如の天道を追求するアーシュラマの風が吹いていた。どこの国にも、いつの時代にもそれぞれの「風」が吹く。平安末期には末法思想という風が吹いていたし、近代には天皇が現人神《あらひとがみ》であるという風が吹いていた。現代にも科学や経済という強風が吹き渡っている。その風が真理であろうとなかろうと、人びとはその風に支配されて生きざるを得ないのである。こうして太子は、自己の実存的苦悩のままに真理探究の風に乗って、国城、妻子を捨てることになった、と私は想像している。

出城

仏伝によると、太子が迦毘羅城を去る決断を下したのは、ある宴が終わった直後のことであったという。興味もなく鬱々《うつうつ》とまどろみに落ちていたが、眠りから覚めると舞姫や歌姫たちの醜態《しゅうたい》を見た。先ほどまで舞楽《ぶがく》を披露していたというのに酒を飲んで衣装の裾《すそ》をはだけさせ、よだれをたらしながら眠り込んでいた。その光景を見た瞬間、俗世と決別する気持ちが突き上げてきたという。

太子は馬引きのチャンナに愛馬を引いて来るよう命じたが、出城禁止が王命として下されていたので、思いとどまるようチャンナから必死の説得を受けた。だが、逆に太子は気迫でチャンナを圧倒するのであった。

愛馬が引かれて来る間に寝室を訪ねた太子は、耶輸陀羅が羅睺羅と安《やす》らかな表情で眠っている姿を見つめた。いざ王宮を出るとなると、後ろめたさが起こらないはずがない。ちなみに、置き去りにされる耶輸陀羅の様子について、明治時代の思想家・高山樗牛《ちょぎゅう》は次のような一節を描いている。

蘭燈光幽《らんとうひかりかす》かにして、夜既《よすで》に更《ふ》けたり。憐《あわ》れなる耶輸陀羅姫は、今にも其身《そのみ》の上に覆《おお》ひかゝらむず黯澹《あんたん》たる運命をば夢にも知るよし無く、幼児を懐《いだ》きて安らかに眠り居れり。哀れ消ゆれば跡なき陽炎《かげろう》の果敢《はか》なき未来に何事を夢みるぞ。太子は憮然《ぶぜん》として其《その》寝顔を打《うち》まもりぬ。緑なる丈《たけ》なす黒髪は、誰《た》が為にか理《おさ》めたる。玳瑁《たいまい》の櫛《くし》、瓔珞《ようらく》の飾《かざり》、誰が為に輝やける。見れば薄化粧をさへ施したるに笑《わら》ひを含める天女の顔《かん》ばせは、そも何の楽みを夢みてぞ、今や其《その》花の如き春色は一陣の飇風《ひょうふう》に散《ちら》されむとす。

（高山樗牛『釈迦』）

しかし、太子から置き去りにされたときの仏伝に目を通すと、夫が出家の願望を持っていたことは耶輸陀羅も承知済みで、そのときは自分も一緒に出家するつもりだったようである。ただ、太子にとって耶輸陀羅は修行上、邪魔な存在であった。幼子を残したまま夫婦だけで山林修行に入ることはまったく考えられないし、そもそも王宮の満ち足りた暮らしに慣れていた彼女が過酷な修行に耐えられるはずがなかった。

心の中で別れを告げ、用意された馬にまたがった太子は、チャンナに引かれてひたひたと王宮の東の門へ向かうが、門を出るまで迷っていたのだろう。そのことは黒雲の中から悪魔がささやいたという言葉から想像できる。

「宮殿にあれば栄耀栄華《えいようえいが》は思いのごとし。出家とは愚かなり」

この悪魔の言葉は太子の中に潜んでいた迷いを仮託《かたく》しているのである。太子でありながら王宮を捨てるという行為の是非、これからの国の動向についての不安もあったにちがいない。だが、一方の神々は出家を祝福し、厳重に閉ざされていた城門を開くと、馬のひづめの音も消したという。太子は迷いを吹っ切るように迦毘羅城の東の門から出て、夜どおし一気に走り抜けるのであった。

やがて朝が来た。ガンジス河の川面が太陽の日射しを反射しはじめた。そこで馬を下りた太子は髪を解いて明珠《みょうじゅ》を父王に、髪飾りを妃に、胸の瓔珞を母に渡すようチャンナに託す。

「悟りをひらくまでは帰らない、と父に伝えてほしい」

「妃には、ふたたび会うまで体に気をつけ、父母に仕えるよう伝えてほしい」

「母には、悲しまないよう伝えてほしい」

チャンナは厳重な触《ふ》れを無視して手を貸した以上、一人だけで帰城する気にもなれず、自分も出家したいと懇願したが、城に戻るよう太子から強く説得され、馬を引いて泣く泣く帰ったという。

その頃、どこを捜しても太子の姿がないので王宮はひどく混乱していた。あれほど厳重に命令しておいたのに、と怒りの矛先はチャンナに向かった。そこへチャンナが王宮に戻って来た。そして浄飯王は太子が出家した報告を受けた。そのとき養母の摩訶波闍波提は手渡された瓔珞を抱いて狂わんばかりに泣いた。


「おお太子よ。あなたの身には、いつも栴檀の粉をふりかけて、美しくみがいてあげていたのに、いまは山野に伏して、蚊や虻《あぶ》にさされているのか。上等の着物のほかには身につけたことのないあなたが、いまどんな粗末なものを着ていることであろうか。より抜きのご馳走を並べていたのに、いまはどんなひどいものを食べていることであろうか。蒲団《ふとん》といい、夜具といい、あれほど柔らかいものずくめであったのに、いまは茨《いばら》のあいだに臥《ふ》していることであろうか。あれほど多くの美女に取りかこまれて暮らしていたあなたが、いまは山林で、ひとり寂しく住んでいるのであろうか」

（渡辺照宏『釈尊をめぐる女性たち』）

姉の形見の太子を立派な後継者にすべく育ててきた摩訶波闍波提からすると、無念の極みであったにちがいない。さすがに「大愛道」という名前にふさわしい愛情が感じられる。その一方で、耶輸陀羅は手渡された髪飾りをチャンナに投げつけると、床に横たわって激しく泣いたという。

「わがきみよ。わたしが妻として正しく務めをはたしているのに、なぜわたしを置いて行ってしまったのか。むかし、王が山林にこもって修行したという話はいくらもあるが、妃を伴い、夫婦ともに頭を剃り、力をあわせて出家苦行《くぎょう》したというではないか。あるいはまた無遮会《むしゃえ》（何びとをも拒まず、財宝を施し、説法を聞かせる大きな催し）を夫婦で行なえば、未来の世に善い果報が得られるというではないか。それとも、あなたはこの世の快楽に飽きたらず、自分ひとりで修行し、その功徳《くどく》によって天上にのぼって天女たちと快楽にふけるつもりなのか。なぜ、わたしを置いて出て行ったのか……」

（同　前）

通じなかった愛の悲しみに彩られる摩訶波闍波提、信頼を裏切られた怒りに狂う耶輸陀羅。それを見た浄飯王は、五人の家臣に厳命を下すのであった。

「なんとしても太子を捜し出してここに連れ戻すのだ！」

やがて五人は森の中にいる太子を発見した。ばっさりと切り落とされた黒髪の痛ましさに涙しながら伝えた。

「すぐに帰城されるように、との王命にございます。なにとぞ王、王妃、姫君の悲しみを酌み取っていただき、即刻王宮にお戻りくださるようお願い申し上げます」

しかし、太子は固辞する。

「一時の情にとらわれて永劫《えいごう》の苦に沈むようなことをするつもりはない。そなたたちはすぐに帰って、『太子の志は抜くべからず、成道《じょうどう》後の再会を待つのみである』と拒否された、と父母、妃に語れよ」

太子は逆に伝言を頼んで、彼らに背を向けて立ち去った。

浄飯王にしてみれば、衣食住から身の回りに至るまで愛情のかぎりを注いだというのに、立派な後継者に育てようと習わせたヴェーダが、皮肉にも出家へ傾斜させてしまったことになる。老境に及んで世継ぎを失った王、頼みの後継者を失った家臣たちの落胆で、迦毘羅城は深い暗影に覆われてしまったことだろう。

現代の感覚からすると、国の将来を担う太子でありながら国を捨てるというのは、身勝手で敵前逃亡の行為と映るかもしれない。生まれたばかりの我が子を残して王宮を出るという行為も冷酷のように見える。だが、太子の出家は長い苦悩の果ての決断であった。

ちなみに、ブッダは「生《しょう》・老《ろう》・病《びょう》・死《し》」という人間の四苦の解決のために出家されたことになっている。それが定説となってはいるが、ブッダの悟りが全人類的な諸苦《しょく》の解決につながる教えとなるのはずっと先のことであって、その頃のブッダは他人のことより自己一身の苦悩から逃げ出したい一念だったのである。

出家の原風景は、八歳の頃から注入されたヴェーダ思想、自らが置かれた宿命への絶望と厭世観、それを操る「何か偉大なもの」の存在を信じる心に彩られていたことになる。

Ⅱ　苦行と真理開悟

真理を探求する人びと

王舎城《おうしゃ》（ラージャガハ）といえば、私が最初に訪れた一九九九年の頃のインドの道路は惨憺《さんたん》たるものであった。エアコンが効かないおんぼろバスの中に、前を走る車の粉塵が入ってきた。頭から手ぬぐいをかぶり、鼻を押さえ、まるで盗賊のように王舎城を目ざしたが、道路の横には車輪のシャフトが折れた車が放置されていた。道路事情は悪いし、粗悪な鉄のシャフトに頼って、しかもチキンレースのように飛ばすバスの運転手に不安を覚えながら移動し、王舎城近くのホテルに着いたときはベッドに倒れ込んだ。

マガダ国の都城《とじょう》であった王舎城。その当時はインド随一の都市であった。のちに『法華経《ほけきょう》』や『無量寿経《むりょうじゅきょう》』などを説かれたと伝えられている耆闍崛山《ぎじゃくっせん》（霊鷲山《りょうじゅせん》ともいう）の頂上から眺めると、一帯には広大な森が広がっている。

王舎城というのは城そのもののことではなく、城を中心とする村落全体のことを意味している。その全体が起伏に富む山に位置しているため、いったん城門が閉ざされると難攻不落の要害であったことだろう。

地面に表れている石は硬い花崗岩《かこうがん》で赤みを帯びていて、かなりの鉄分を含んでいる。王舎城は鉄の製錬《せいれん》によって武器や農機具をつくり、十六カ国の中でも急速な発展を遂げていたようである。社会としては物々交換から貨幣経済へと変化しつつあり、王族や商人階級が力を持ちはじめ、人間を宗教的存在から社会的存在へと見なす空気が高まり、唯物論《ゆいぶつろん》、善悪論、懐疑論《かいぎ》、自己制御論など多士済々《たしさいさい》な思想家たちの拠点になっていた。

彼らが探究していたのは、この世界や人間の考察であった。それはこの国が地理的にあまりにも苛酷であったからである。マガダ国の中央にはガンジスという大河が流れている。スコールで降った雨は濁流となって低地に氾濫《はんらん》する。そしてその氾濫がこんどはガンジス河の勢いを増し、岸壁決壊によって田畑や家屋を流出させ、家族を失うこともあった。

また、猛毒を持つ爬虫類《はちゅうるい》に咬《か》まれたり、マラリアなどの感染症にかかったりすると、高い気温のために症状が激化し、いのちが奪われることも少なくなく、その上、相次ぐ戦乱もあったことから、人間生存の意味が問われるのは自然の成り行きであった。

彼らの思想については、「自我と世界を常住とする説」、「世界の有限・無限に関する説」、あるいは「死後の意識と世界」など六十二種があり、その中で特に有名なのは「六師外道《ろくしげどう》」と呼ばれる人びとである。

「六師」というのは六人の思想家のことであるが、「外道」という言い方は仏教側からの見方である。これはブッダの入滅後の二百年から三百年にかけて、仏教を学理的にまとめる段階で起こった「内道《ないどう》」の仏教と区別した考え方であるが、ブッダ自身が彼らのことを外道と見なされていたとは考えられない。これもブッダを浮かび上がらせるための経典《きょうてん》著作者の排他的な表現であろう。

王舎城には白善山《びゃくぜんさん》、負重山《ふじゅうさん》、仙人崛山《せんにんくつざん》、広普山《こうふざん》、耆闍崛山という五山がある。いずれもそう高い山ではないが、太子は白善山の洞窟を住まいに決め、そこから街に下って師を探し回ったと伝えられている。思想家たちの話を傾聴することもあっただろうが、彼らの論では満足できなかったはずである。目的は輪廻《りんね》のくびきから抜け出すことにあったから、梵我一如《ぼんがいちにょ》の修行を指導してくれる師でなければならなかった。

ここで梵我一如について、もう少し詳しく文献から説明しておく必要がある。

「〔宇宙の〕因たる梵とは何ぞや。そも何処《いずこ》より生じ、我らは何によりて生存するや。また何処に依止《いし》するや。何ものに支配せられて我らは苦楽の裡《うち》に〔各自の〕状態に赴《おもむ》くや。梵を知る者よ」

（『シュヴェーターシュヴァタラ・ウパニシャッド』）

（あなたは宇宙の根本原理である梵とは何だと思いますか。そもそもどこから生まれたのですか。私たち人間は何によって生存しているのですか。また自分という本質はどこにあるのですか。何ものに支配されて私たちは苦しんだり、楽になったりするのですか。梵を知っているあなたに尋ねたい）

問うて曰く「もしこの梵の都城の内に万有が綜括《そうかつ》されているとすれば、即ち一切の有生《うしょう》と一切の願望とが綜括されているとすれば、この物（梵の都城即ち身体）が老衰に襲われ、あるいはその他の事故で壊滅《かいめつ》した時、後《あと》に残るものは何か？」

答えて曰く「これはその（身体）老耄《ろうもう》によって老衰せず、その（身体）殺戮《さつりく》によって殺されない。これは真正《しんせい》の梵の都城であって、その内には種々の可能なる願望が綜括せられている。これは罪垢《ざいく》を絶滅し、老衰を脱し、死を離れ、憂なく、飢渇《きかつ》なく、真実の欲望と真実の思慮を含む自我《アートマン》そのものである」

（『チャーンドーギヤ・ウパニシャッド』）

（これは肉体が老衰しようと殺戮されようと殺されることはない。これはブラフマンという神が住む都であり、そこにはさまざまな可能性を実現する願望が包括されている。これはどのような罪障《ざいしょう》も消滅し、肉体の老衰や死とも無関係であり、悲しみもなく、飢えも渇きもなく、正しい欲望と思慮を含んでいる自我、アートマンである）

これ実に偉大にして不生《ふしょう》の我《が》なり、

不老・不滅・不死にして無畏《むい》なり、

梵なり。

梵は実に無畏なり。
かく知る者は実に無畏なる梵となる。（『ブリハッド・アーラニヤカ・ウパニシャッド』）
（これはじつに偉大にして、生じるというものでもなければ消滅するものでもなく、死ぬこともない我であり、畏《おそ》れる必要もないものである。これはすなわち梵である。梵は畏れをもたない。このように知った者は自ら畏れのない梵になる）

この全能にして気高き神は常に有情《うじょう》の心臓裡《り》に鎮座《ちんざ》す。心臓（深智）と賢智《けんち》と意とを用意して、これを証得《しょうとく》する者は不死となる。（『シュヴェーターシュヴァタラ・ウパニシャッド』）
（この全知全能の気高い神は常に心臓の中に鎮座し、賢い智慧《ちえ》と意思を備えている。この梵の存在を肌で確認する者は永遠の生命を手中にするであろう）

当時のバラモン教では、自我のことを「アートマン」と呼んでいたが、古い文献を調べると、自我というより霊魂《れいこん》と見なされていた。そして、死ぬ瞬間には霊魂が生前の叡智《えいち》や記憶を持ったまま心臓部から天に向かって上昇する。心臓に霊魂があるというのは合理性がないが、通常は祖道《そどう》の流れに入り、ブラフマンの存在を確認すると天道《てんどう》に入って永遠不滅の生命を獲得できると考えられていた。

輪廻転生《てんしょう》の祖道というのは気象のメカニズムと同じと考えればよいだろう。地上の海や湖や地面の水が蒸発してできた水蒸気は空に昇ると冷やされて、水や氷の粒になり、雲として空に浮かぶ。その粒がくっつき合って大きくなると落ちて来て、雨になったり雪になったりする。そして地上に落ちて来たらふたたび水蒸気になる。それと同じように何度も生命の回転を繰り返すという考え方である。

しかし、天道に達すればその回転パターンに巻き込まれず、永劫《えいごう》の安《やす》らぎの世界に到達することになる。真剣に真理を探究しようとするバラモンは、そのような高い意識レベルの世界に飛翔するために自分の中のブラフマンの存在を知る修行を求めていた。

さきにも述べたように、これは旧来の形式的祭式主義を批判する新進気鋭のバラモンたちの求道心から起こったものであった。ブラフマンが宇宙の根本原理であるならば本来の居城としては宇宙なのであるが、誰もそこに行くことはできない。だが、すべての人間には宇宙の真理が宿されていると教えられていたので、どこか遠い場所に真理を求めるのではなく自分の中に求めればいい、と彼らは考えていた。

ウパニシャッドでは、ブラフマンのことを宇宙の根本真理とし、アートマンを個人の根本真理と説いている。つまり、宇宙の「ブラフマン」（梵）は高次の意識レベルとして「アートマン」（我）に宿っていると見なしていた。そこで求められていたのは、まず自分のアートマンをブラフマンと一体化させることであった。

何らかの修行によってアートマンの曇りを取り払い、自分のアートマンをブラフマンと一体化させる。一体化した瞬間に「わたし」が消えて「宇宙」となる。つまり低次の意識レベルの「わたし」が消えて、天道の「無我《むが》」に一如する。それが輪廻の回転から抜け出す「解脱《げだつ》」である、とウパニシャッドは説いていた。ただ、業《ごう》や欲望によって心が曇っているので、それを取り除く修行が必要であった。

では、その「何らかの修行」とは何か。そこには「禅定行《ぜんじょうぎょう》」と「苦行《くぎょう》」の二つがあった。禅定行というのは心を静めることによって業のはたらきを超えるゆるやかな修行、苦行というのは肉体を痛めることで業を断滅する修行である。どちらも肉体から欲望の邪念を引き離すことを目的としていたが、よりハードな修行は苦行であった。

太子はまずバッガヴァという苦行仙人を山中に訪問している。バッガヴァは天上界《てんじょうかい》へ上る境地を説いていたが、太子は彼の話を聞いても満足できず入門しなかった、と仏伝には記されている。

次にヴェーサーリーという街で「無所有処《むしょうしょ》」という境地を教えていたアーラーラ・カーラーマという仙人を訪ねると、その机下に就いた。その教えは、物事に執着するがゆえに苦しみが生まれるので、禅定行によって執着を離れなければならない、というものであった。だが、一定の境地には達したものの、解脱の実感が得られないために太子は彼のもとを去った、と伝えられている。

その次に訪ねたウッダカ・ラーマプッタという仙人も同じ禅定主義の沙門《しゃもん》であり、「非想非非想処《ひそうひひそうじょ》」という境地を教えていた。これは何も想わず、想わないように努めるという意識さえも捨てる境地とされている。私にはよくわからないが、おそらく「空《くう》」を求める禅定行のことなのだろう。だが、禅定から出るとふたたび気分が戻るので解脱に達しないと考えて、これも離れた、と伝えられている。

太子にどのような業や欲望があったのか定かではないが、一般的に禅系の仏教は空になることで業から離れ、「明《みょう》」、「智《ち》」、「喜《き》」、「楽《らく》」などの境地へ入れると説明している。その境地に入ると真理を知ることができるということであろうが、禅の境地にも段階があって最高峰に達することは容易ではない。

かつて私はある若い禅僧に質問したことがある。

「空の境地はつかめましたか?」

「むずかしいです。雑念との戦いです」

「どんな雑念ですか?」

「腹が減るとチャルメラ（屋台の中華そば屋などが吹いて歩くラッパ）の音が気になるし、彼女にも会いたくなるんです。今では気持ちが落ち着くようになりましたが、衣を脱ぐとダメですね。わたしはもともと煩悩《ぼんのう》が多いんです。それを破らんといかんのですがね」

禅を組んでも外部の知覚に翻弄《ほんろう》されて境界《きょうがい》が落ちるということであった。これと同様のことを太子も体験したのだろう。坐したままで業を断つことはできないと確信した太子は、苦行に切り替えることを決めた。

「見ること、聞くこと、感じることによって心に業が蓄積されていく。肉体があればこそ欲望も起こる。こうなったら見ない方がいい、聞かない方がいい、食べない方がいい。できるだけ外部の知覚を遮断《しゃだん》し、かすかに意識だけが残るような限界に達したとき、梵我一如を果たせるかもしれない」

太子は官能を呼び起こす刺激の多い王舎城を去り、森の中で苦行に挑戦することを決意した。

苦行とその放棄

王舎城から西南へ七〇キロほど行くとガヤーという街がある。そこから尼連禅河《にれんぜんが》（ネーランジャラー）を越えると、セーナーニという村の奥まった場所にウルヴェーラーという森が広がっている。ここは昔からバラモン教の山林修行者たちが群がっていたので、「苦行林《くぎょうりん》」とも呼ばれていた。セーナーニ村は「バラモン村」であった。思想家が多い王舎城にはバラモンが入り込む余地がなかったために、バラモン修行者はこの地にまとまって共住していた。

おそらく雨期になると、尼連禅河の褐色の濁流が渦まき、氾濫した水が苦行林まで押し寄せたにちがいない。そのとき苦行者たちは少し離れた伽耶山《がやざん》という小高い山に避難し、雨期が終わるとふたたびこの苦行林に戻ったのではないだろうか。

仏伝は、この森の中で太子が五人に支えられて修行をはじめたと伝えている。この五人が太子とどういう関係にあったかは謎とされているが、太子を連れ戻そうとした例の家臣たちだったのだろう。説得に失敗したので、浄飯王《じょうぼんおう》は太子の身に万が一の危険がないよう警護させ、身の回りを世話するよう命じていたのだろう。

とにかく、太子は五人に支えられて苦行に入る。苦行の基本は断食《だんじき》であった。断食とは文字どおり「食を断つ」という修行である。

一般的に、断食をはじめてから二、三日程度は五感が敏感になるが、七日くらいを過ぎると飢餓状態に陥り、十日を過ぎると意識が朦朧《もうろう》となり、生命の危機を招くことがある。その当時は苦行の途中で死んでも賞賛されるような風潮があったため、林の中には修行者の骸骨《がいこつ》があちこちに山積みになっていた。

太子は肉体と精神を分離するために、自分の肉体をいじめ、本能も欲情もはたらかない境地をつくろうと断食修行に入った。水と少しの木の実や草は口にすることにした。水は横の河で確保し、木の実や草は五人が拾い集めたものを食したが、その食も少しずつ減らし、死とすれすれの状態まで断食を続けた。

寒いときは麻や樹皮、あるいは行者の屍《しかばね》を包んだ衣を身にまとった。夜も茨《いばら》の上に臥《ふ》したが、周囲をうろつく毒蛇、体を這《は》う毒虫の餌食になりそうなときもあった。日中は裸体同然、焼けつく太陽のもとに身をさらし、外界の認識を遮断するために見ず、聞かず、知覚を制御して呼吸を整え、内部から起こる欲望を制御しようとした。

ねっとりとした暑さのために体内にたまる熱で頭が痛み、意識を失って仮死状態になることもあったが、そのような極限状態にならなければ梵我一如は達成できないと言われていた。

これはある意味で体外離脱するような状態に似ているようである。手術中、あるいは山岳事故や海難事故などで人事不省《じんじふせい》になっている人が、肉体から離脱した魂だけの状態で空中に浮揚し、意識が戻った後に知る由もないことを的中させたりすることがある。

例えば、自分は全身麻酔状態にあったというのに、手術医の着衣、会話などを術後に語ったり、ドアの向こうにいた家族の話し合いの内容を的中させる。これは「もう一人の自分」が客観的に俯瞰《ふかん》していたことになる。極限状態になれば幽体《ゆうたい》と肉体が分離されやすい。そのとき、霊魂である「もう一人の自分」が神と触れ合うか、もしくは神の境地に同化していくか、それが梵我一如であろう。

霊魂には人霊《じんれい》のみならず、神霊もある。

私は遺言によって寺の後継者に就任したとき、器の小ささに悩み、山奥の行場にしばらく参籠《ろう》したことがあった。そこは海抜七〇〇メートル。ちょうど真冬とあって滝場には大きな氷柱《つらら》が下がり、わずかな水が岩肌を伝わって落ちていた。

滝壺にあった一枚の岩の上に立つとまつ毛は凍り、両足の裏も凍った岩に張り付いて、動かせば足の裏の皮膚が破れそうになった。それでも経《きょう》を唱えて道がひらけるよう祈ったが、そのうち頭が真っ白になり、記憶がなくなってしまった。その瞬間、右上から白い光の中を下りてくる青龍がいた。その地に勧請《かんじょう》されていた女性の龍神が立て膝《ひざ》で合掌した姿で影現《ようげん》された。

「これからが本当の修行です。できないことはありません。がんばりなさい」

明確な言葉で聞こえたわけではないが、励ましのような想いが胸に伝わってきて涙したことがあった。その一言が現在までの私の修行を支えている。

こうしたことから、私は神の世界を体験するためには感覚器官のはたらきを静止させることが効果的だと考えている。医学側からすると神経伝達物質による荒唐無稽《こうとうむけい》な珍現象と一蹴されるだろうが、外なる霊魂と交流するためには知覚機能を遮断し、思考停止のような状態にならなければ不可能のようである。ちなみに霊感を高めるためには感情を荒げさせる肉食はよくない。修行時代の私は菜食主義であった。

さきにも述べたように、梵我一如は自分の内なるアートマンを把握したときにブラフマンと一如することにある。そのとき業や欲望が消滅して解脱するということであったが、そのときの心の状態がどういうものかは、ウパニシャッドには説明されていない。

ブッダは解脱に到達したときのことを「妙《たえ》なる知見を得た」と回想されているが、その知見というものが何であったかは明確ではない。仏教学者はそれを「縁起《えんぎ》の理《ことわり》」と名づけている。だが、それは知的考察の域を出ず、感動が伴わない気がする。

感動のない悟りというものはあり得ないはずである。仏伝を見ると、ブッダが自分の悟りの喜びをあちこちの樹下で楽しんだことが記されているが、これは感動の享受《きょうじゅ》であったはずである。では、どのような感動かというと、それは神秘体験に起こったものにちがいない。神秘体験をとおしてのみ価値観が変わり、意識革命が起こるのである。

たしかに太子が神秘体験をしたことを仏伝は伝えている。心ある神々が太子の身を案じて天界から降りて来て苦行をやめるよう忠告したり、母の摩耶《まや》が忉利天《とうりてん》という場所から下って来て、断食をやめるように涙ながらに声をかけたりしたことが仏伝に記されている。

ブッダが弟子たちに自分が行った修行を説明するに当たって、苦行の思い出を語られたことは十分に考えられるから、こうした記述はブッダの回顧の真実を伝えているはずである。だが、ブッダは人霊や神霊の存在を認められなかったというのが現代仏教界の通説になっている。これは体験した者にしか理解できないので無理もないが、人霊も神霊も事実として存在しているのである。

ただ、太子の身を案じて現れた神は善神ではあるものの、宇宙最高原理のブラフマンではなく一般レベルの神であった。その一方で太子の苦行を邪魔するために魔神も現れた。

〔悪魔〕障解脱《ナムチ》は悲愍《ひみん》の語をば、語りつゝ、〔我に〕近づけり。

「汝《なんじ》は痩《や》せて顔色悪し、汝の死は近づけり。

〔汝の〕死に千の分あり、汝の生は一分〔にすぎず〕。

卿《おんみ》よ、生きよ、生くるが優れり。

命ありてこそ諸善《しょぜん》も行《ぎょう》ずべけれ。（略）」

（『スッタニパータ』）

このナムチは実際に肉体を有する悪魔ではなく、心の欲界に棲《す》んでいて真理を覆う第六天の魔王のことである。仏教では、欲や楽に傾斜させる意識を悪魔と見なしている。

それでも太子はナムチに打ち勝とうと苦行に挑戦したが、低下する足腰の筋力が平衡感覚を失わせ、坐ろうとすれば後ろへ倒れ、立とうとすれば前に倒れるようになった。枯れ草のようにしぼみ、苔《こけ》に覆われている手足の汗を拭《ふ》いた瞬間に体毛が毛根から抜け落ち、目はくぼみ、あばら骨は浮き出て骸骨さながらの状態になっていた。

そんなある日、「楽器の弦《げん》も張りすぎていれば、良い音色は出ない」という村びとたちの歌声を耳にした。考えてみれば緊張の連続で、後ろにも下がれず前にも進めず、苦しみにもがき続けてきた。だが、戦争で死のうと苦行で死のうと死は死である。生きて悟りをひらこうとしているのに、死んでしまうなら犬死にということになる。

王舎城を出てからというもの六年間、毎日苦行に挑戦してきたが、もはや太子の体力は限界に達していた。これほどまでに心身を痛めても解脱を証得できないならば、苦行でも梵我一如に到達することはできないという結論に達した。

「もう苦行のしきたりなどどうでもいい」

太子は己の気持ちに忠実に動くことを決めたのだろう。いったん河で身を清めると体の苔を洗い流した。が、足腰が弱っていたために、這い上がった土手の上で気絶してしまった。ちょうど、そこへ一人の牧女が通りかかり、太子に乳糜《にゅうび》を供養《くよう》する。苦行者にとって、火を入れたものを食べることはタブーとなっていたが、かまわずに太子はそれを食した。

その様子を見た五人は堕落者、破戒者《はかい》と軽蔑して太子のもとを去って行った。しかし、修行に他人の評価は無関係である。一人になれば右顧左眄《うこさべん》する必要もない。さみしさはあっても、むしろ太子の気持ちは軽くなったにちがいない。

それにしても禅定行でも苦行でも解脱を実感することができなかったのだから、ふつうならここで降参するはずである。父王に謝罪して城に帰れば昔の優雅な生活を取り戻すこともできたはずである。しかし太子はあきらめずに新天地で独悟の修行に挑むことを決意した。

仏教評論家の中には太子のことを「蒲柳《ほりゅう》の質《しつ》」と見なしている人がいる。生い立ちからするとそういう見方もできるが、六年もの間、空腹や暑さと戦いながら志を貫いた結果からすると、私には精神的な弱さなど感じられないのである。

悟りとは何であったのか

ブッダの生涯を記す以上、彼の悟りの内容を明らかにするのは当然のことである。この悟りは太子長年の悩みについての回答であり、その後の仏教開教にもつながる極めて重要なポイントであるが、仏教学者や各宗派の間で統一されているわけではない。学者は「縁起の理」と名づけているが、悟りの内容とそこに到る方法が統一されていないからこそ、さまざまな宗派が生まれているのである。

たしかに、ブッダの悟りを伝えている経典はある。だが、これは弟子から弟子へと語り継がれていく中で、仏滅後二百年を過ぎた頃に文字化されたものであるから、仏弟子たちがブッダの悟りをどこまで正しく理解していたかはわからない。しかし、仏教徒としては、ブッダが悟られた真実を知りたいという気持ちがある。

では、何を頼りにブッダの悟りに迫るのか。これは各種文献を参考にしながら合理的な想像力をはたらかせる以外にはないが、私の修行体験も踏まえながら検証してみたい。

まず、苦行林を出た太子が尼連禅河を渡ってガヤーの森に立つ一本の菩提樹《ぼだいじゅ》の下に坐ったというのはまちがいない。そのときの記述がある。

虚空《こくう》の刀杖《とうじょう》我が身に雨《あめふ》りて　寸寸節節に我が体を割《さ》かんも
我若《も》し生死海《しょうじかい》を渡らずんば　此の菩提樹を終《つい》に移らじ
（『仏本行集経《ぶつほんぎょうじっきょう》』）

この「生死海を渡る」というのは、生死という肉体の現象を離れて真理を悟るという意味である。この記述からすると太子の悲壮な決意のようなものがうかがえるが、この新天地での修行は心身のバランスを図った上での修行、つまり「中道《ちゅうどう》」と呼ばれるものであった。この場合の中道というのは「不苦不楽《ふくふらく》」といって、適度に飲食をとり、暑ければ樹陰に憩い、疲れたら横になるという自然体での修行のことである。まず太子は、疲労した心身をリセットすることからはじめた。

鳩摩羅什《くまらじゅう》訳の『妙法蓮華経《みょうほうれんげきょう》』には、太子が自然の草木《そうもく》の生命に着眼したことが示されている。

我《われ》始《はじ》め道場に坐《ざ》し
樹《き》を観《かん》じ亦経行《またきょうぎょう》して
三七日《さんしちにち》の中に於《おい》て
是《かく》の如《ごと》き事《じ》を思惟《しゆい》しき

（『妙法蓮華経』）

「観樹《かんじゅ》」というのは木を観察することである。「亦」には、その成り立ちを学習するという原意がある。次の「経行」とは、坐禅と坐禅の間に一定の場所を徒歩で往復することである。

なぜ菩提樹でなければならなかったのか。それはインダス文明期以来、インドでは「聖樹崇拝」の思想が盛んであったからのようである。聖樹には神が宿ると考えられていた。また菩提樹は不死を観察する場所とも信じられていた。
不死――。それは永遠の生命である天道に入ることにあった。

太子は坐ったり歩いたりしながら、「菩提樹はなぜこのように元気なのだろう」と、天空に茂る枝や根を地中深く張り巡らせている菩提樹の生命を観察した。根があるからこそ地中の養分を小枝まで運んでいる。生き抜こうとする意志を有する根に太子は着眼した。容赦《ようしゃ》のない熱波やスコールや洪水にも不満を漏らすことなく、それを宿命と受容して力のかぎりに生きている菩提樹。その生き抜こうとする力はもともと親木が与えたものである。親木は小さな種の中に生き抜く力という全財産を託して枝から落としたはずである。

ここにゴータマ・シッダッタという自分がいるが、一人で生まれたわけではなく、浄飯という父と摩耶という母がいたからこそ生まれ出たのであって、父母が自分を産む前に早世していたら生まれていなかったのである。だが、その両親も祖父母があったからこそ生まれている。してみると、今ここに生きているということは、長い祖先の因果《いんが》の系列の中に生命の連鎖として存在しているということになる。

また、太子はこの生きとし生ける生命を創造したもののことを思った。地上の万物は虚空の光と雨によって生かされている。万物は千変万化の現象を見せているが、その変化を司る虚空には変化しない絶対常住の法がある、と考えた。

混沌《こんとん》として変化する地上に人間は投げ落とされ、肉体の変化や時代の波に翻弄されながら生きているが、その無常の奥にも人間を人間ならしめる摂理がある。生かそうとする「何か偉大なもの」と生きようとするものの間に流れる因果の法則によって一切の万物は存在している、天の一法の生命が無数の地上の生命を育んでいる、と太子は生命の融合について考えた。


しかし自己を観察すると、それに感謝する気持ちもなく、両親や家臣の期待を裏切ってきた自分がいた。太子は謙虚に自分の過去を振り返った。インドラ神の再生であろうとなかろうと、サキャ国に攻め入ろうとする国があるならば、誰かが国を守らなければならなかったのである。国の体制の不備や治安の乱れを嘆くなら、綱紀粛正《こうきしゅくせい》を図る努力をすることも自分の任務だったはずである。

もし自分に荊棘《けいきょく》をひらこうとする根性があったら、苦悩や葛藤に翻弄されることもなかったかもしれない、と太子は己の弱さに気づいた。絶望と虚無感を性の悦楽にごまかしたあげく、羅睺羅《らごら》のみに後継の責務を押しつけて王宮を出たことはぬぐいようのない事実であった。

生まれ落ちた境遇、選んだ環境がどうであろうと、自力で生き抜いている菩提樹に比べて自分の方が強いなどとはけっして言えないにもかかわらず、真理を頭で追究する己に太子は矛盾を感じていた。

おそらく、その疲れから少し半睡状態に入ったときのことだろう。三人の女性が真っ裸の肢体をくねらせながら近づいて来た。それは苦行のときから常に邪魔をしていた悪魔・ナムチの娘たちであった。

真剣に真理の扉を開こうとしているのに、なぜ、どこからこんな破廉恥《はれんち》な思いが込み上げてくるのか。心の不思議を考えたとき、それが過去に体験した甘美な記憶の再生であることに気づいた。苦しみを忘れようと走った快楽。忘れ去ったようでも記憶の蘇生《そせい》によって感情は起こる。こうして記憶に蓄積されたものが感情として蘇《よみがえ》って反応し、反応しながらふたたび蓄積され、業の上塗りを重ねていく。

そこで太子は心に潜んでいる記憶の糸をたどることにして、ナムチに挑戦状を叩きつけた。


汝《なんじ》の第一の軍は欲《よく》なり。

第二〔の軍〕は不楽《ふぎょう》と言はる。

汝の第三〔の軍〕は飢渇《きかつ》なり。

第四〔の軍〕は渇愛《かつあい》と言はる。

汝の第五〔の軍〕は惛眠《こんみん》なり。

第六〔の軍〕は怖畏《ふい》と言はる。
汝の第七〔の軍〕は疑《ぎ》なり。
覆《ふく》と強情《ごうじょう》が汝の第八〔軍〕なり。
利得《りとく》と名譽《めいよ》と恭敬《くぎょう》と、
邪〔行〕もて得たる名聲《めいせい》と、
また自己を賞揚《しょうよう》すると、
他人を貶下《へんげ》するとは、
これ障解脱よ、汝の軍なり、
〔汝〕黒〔魔《ナムチ》〕の軍勢なり。

（『スッタニパータ』）

なぜ欲望が生まれたのか、なぜ本当の楽を知らなかったのか、なぜ真理に飢えたのか、なぜ際限のない欲があるのか、なぜ怠けたのか、なぜ怖れさせたのか、なぜ疑わせたのか、なぜ表面をつくろって自分を隠したのか、なぜ強情になったのか。利益と名誉と尊敬と、邪《よこしま》な心で得た名声を自慢し、他人を見下す心が己自身にも潜んでいたことを太子は覚知した。

そして、長く閉ざしてきた心の扉を開いて洗いざらい懺悔《ざんげ》するうちに、苦しみのすべてが自分に習性づけられた認識作用、感受作用がもたらした結果であることを悟った。苦は外部の出来事を知覚し、己の気持ちにそぐわないときに感じる。しかし、それは己の心に紡がれてきた業の所作であった。

――いったい自分という人間は何か

自分を自分たらしめている本体について思惟《しゆい》するうちに、母の摩耶が苦行を案じて天界から下ってきたことを思い出した。幽冥《ゆうみょう》を異《こと》にしているというのに、今なお自分のことを案じて現れたのは肉体の奥にある霊魂にこそ生命の本質があるという証拠である。

意識には美しいものだけではなく、わがままな心もあれば色欲の薄汚れた情念もある。その自分を客観視しながら、人間は現実世界を生きる主演者であり、それを眺める観客であり、人生を演出する監督でもあるように思った。

そして、それを反省する心を俯瞰してみて、さらに気づくのである。汚れたものを「汚れたもの」と見なす心そのものは汚れていない。それは「汚れたままではいけない」と説得する清《しょう》浄《じょう》な宇宙意識が心に宿っている証拠である。

ところが、ここで自分の体から魂が抜けて虚空に引き上げられていくという、思いがけないことが起こった。その神秘体験がブッダの回想として記されている。

一身《いっしん》にして多身《たしん》となり、多身にして一身となり、或《ある》いは現われ、或いは隠れ、牆壁《しょうへき》や山岳をよぎって、礙《さまた》げなく、行くこと空中におけるがごとく、地中に出没すること水中におけるがごとく、水中を行きて壊《やぶ》られざること地上におけるがごとく、虚空においても結跏趺《けっかふ》坐《ざ》してそぞろ歩きすることは飛鳥《ひちょう》のごとく、このように大神通《だいじんつう》・大威徳《だいいとく》あるこの日月《にちがつ》を手でとらえて揉《も》んでしまい、梵天《ぼんてん》の世界に至るまでも身をもって支配する。

このように四神足《しじんそく》を修練《しゅうれん》し豊かならしめたならば、清浄にして超人的な天の耳の本性をもって、遠近にある天的なまた人間的な声をともに聞く。

このように四神足を修練し豊かならしめたならば、他の生存者、他の人々の心をば心によって了解して知る。貪《むさぼ》りある心を貪りある心であると知り、貪りを離れた心を貪りを離れた心であると知り、また怒りある心を怒りある心であると知り、怒りを離れた心を怒りを離れた心であると知り、迷妄《めいもう》ある心を迷妄ある心であると知り、迷妄を離れた心を迷妄を離れた心であると知り、収縮《しゅうしゅく》した心を収縮した心であると知り、散乱した心を散乱した心であると知り、偉大な心を偉大な心であると知り、偉大ならざる心を偉大ならざる心であると知り、上ある心を上ある心であると知り、無上の心を無上の心であると知り、定にあらざる心を定にあらざる心であると知り、定のうちにある心を定のうちにある心であると知り、解脱していない心を解脱していない心であると知り、解脱している心を解脱している心であると知る。

（『サンユッタ・ニカーヤ』）

この記述は空想のように見えるけれども、太子の体験的事実であることはまちがいないように思う。太子は菩提樹下の端坐瞑想《たんざめいそう》によって、人間が有する意識の不思議を知った。自我意識を離れ、澄んだ心になれば物事の真実が正しく把握できることを知ったのである。

人間は神のような力を潜在的に有している。浄化された一念は時空を超越して一切のものを感知する。その力によって太子は「他の人々の心をば心によって了解して知る」力を獲得したのであった。これは「最正覚《さいしょうかく》」という高次の認識力である。

――時空を超えて、事象を読み取る智慧

太子には感動があった。人生の価値観の一変と心の王国の変動を俯瞰しながら、次に目を転じて静かに周囲を見渡した。明けの明星《みょうじょう》が朝日の中で消えると、しらじらと明け染める東の空から朱色の光線が射しはじめている。頬には心地よい風が吹き、草も木もみずみずしく、小鳥たちもいきいきと梢を飛び回っている。一切の生命は天地に身を委ね、ありのままに力いっぱいに生きていた。

ふたたび森の中の澄みきった空気を胸いっぱいに吸い込むと、かつて味わったことのない清澄な境地があった。かつては禅定を終えるとふたたび心の乱れを感じていたが、こんなさわやかな朝を迎えたことはなかった。

そして太子は思うのである。みずみずしい草や木を美しいものとして受け止める心、いきいきと飛び回る小鳥たちを愛らしく感じる心、あるいは迷惑をかけた家族や家臣たちに対して申し訳なく思う心は神が与えた意識である、と。そして、その意識にめざめることがアートマンとブラフマンを一如させることではないか、と。

一般的にバラモンは祭式を行うことによって業を消滅できると教えていたが、祭式や苦行などをしなくても、心を静めて自己を内観すると輪廻を断つことができる。何も思わない禅定ではなく禅思《ぜんし》、つまり涅槃寂静《ねはんじゃくじょう》の境地の中で自分を見つめ、反省し、謙虚な心を取り戻すことができれば、その瞬間に解脱の世界に到達することができることを悟った。

太子は長く厭世観《えんせいかん》や絶望という夜の道を歩み続けてきたが、懺悔によって暗く、歪《ゆが》んだ思考のトンネルを突き抜けることができた。この地上がすがすがしい朝を迎えるように、すがすがしい己の気分の世界に到達できる。それは水蒸気が天に上るように、甚深《じんじん》の境地から無上の天道に到る道であった。心の世界にも海があり、水蒸気があり、雲が流れ、雨が降る。「平等大《びょうどうだい》慧《え》の法」がある。

太子が苦行を回顧している記述がある。

凡《およそ》、過去の沙門或《あるい》は婆羅門《ばらもん》にして、激苦痛烈《げきくつうれつ》の受を受せる者ありとも、〔予《よ》の〕是《かく》の如《ごと》きは最高にして、此《これ》以上なるは無し、凡、未来の沙門或は婆羅門にして、激苦痛烈の受を受する者ありとせんも、〔予の〕是の如きは最高にして、此以上なるは無かるべし。凡、現在の沙門或は婆羅門にして、激苦痛烈の受を受する者ありとも、〔予の〕是の如きは最高にして、此以上なるは無し。されど予は此《こ》の酷《はげ》しき苦行を以ても、尚《なお》未だ人法を越えたる、特殊《とくしゅ》なる最聖知見《さいしょうちけん》に到達し得ず、恐らく菩提《ぼだい》に到る他の道あるべし

（『マッジマ・ニカーヤ』）

この「特殊なる最聖知見」というのは、澄んだ心の眼を持つ者のみにわかる最正覚である。ブッダはこの最正覚によって随喜《ずいき》の悟りをひらいた。そして苦の輪廻を断ち切り、祖道を超えて天道に達したという確信が湧いてきた。そのときがまさに「ブッダ」として成道《じょうどう》した瞬間であった。

われがかくのごとく知り、かくのごとく見たときに、心は欲の汚れから解脱し、心は生存の汚れから解脱し、心は無明《むみょう》の汚れから解脱した。解脱しおわったときに、「解脱した」という智が起こった。「生は尽きはてた。清浄行《しょうじょうぎょう》が完成した。なすべきことはすでになされた。もはやかかる生存の状態に達することはない。」と知りおわった。
（『同　前』）

ここで、ブッダの真理開悟《かいご》をまとめると次のようになる。

一、菩提樹が発芽していく場合の種が「因」とするならば、日光や雨や土というものは「縁」である。物事の存在、現象はすべて因縁《いんねん》による。すべての事象は互いに関連して影響を及ぼしつつ存在している。

二、人間は多くの支えによって生かされている「無我」なる存在である。それにもかかわらず、自己中心で無軌道に心は動く。その結果、業の苦しみに縛られる。

三、一切は変化にあるが、その奥には常住、不滅、絶対の真理があり、それは人間の中にも貫かれている。苦をもたらす自我意識の暴走を制御するためには涅槃寂静の境地に入っていけばいい。

四、真理は懺悔と感謝にある。いかなる苦悩も真理の大河に帰るための試練である。

ここで公平を期して、仏教学者間で定説になっているブッダの悟りについても紹介しておかねばならない。仏教界が共通認識としているのは「縁起の理」というものである。仏教学の権威であった中村元《はじめ》氏はブッダの悟りを次のように考えられている。

何を悟られたかということにつきましては、聖典のなかに伝えられておりますことが多少内容を異にしております。ちがったニュアンスをもって伝えられておるのでございますが、禅定に入って心を静かにして、そして真理を観ぜられたわけです。その真理の内容につきまして、あるいは縁起の理《ことわ》りを悟られた。のちには十二因縁として伝えられております。あるいは人間を内に顧みて、私どもには五根と心という六つの器官がございますが、その六つについての欲望や執着の起こること、および欲望や執着の消失することのありのままの姿を観ぜられたとか、あるいは禅定に入っておられるあいだに過去世を思い起こされたとかいうような伝えもあります。とくに有力な伝えは、四種類の禅定を修してそれを体得されたというのでございますね。四禅と申しておりますが。

（増谷文雄・中村元・奈良康明編『釈尊の人と思想（上）』）

この「四種類の禅定」の根拠については、次のように経典に伝えられている。

一、欲望を離れ、不善のことがらを離れ、粗《そ》なる思慮あり、微細な思慮はあったが、遠離《おんり》から生じた喜楽である初禅《しょぜん》。

二、粗なる思慮と微細な思慮とのゆえに内心が静安となり、心が統一し、粗なる思慮なく微細な思慮なく、定《じょう》から生じた喜楽である第二禅。

三、喜に染まないがゆえに、平静であり、念《おも》い、正しく気づかい、身体で安楽を感受する第三禅。

四、次いで、楽を捨て、苦を捨てるがゆえに、先に喜びと憂いを滅したので不苦不楽であり、平静と念とによって清められている第四禅。

そして、その日の明け方にかけて「十二因縁」の悟りがひらけたと説いている。

無明《むみょう》は行《ぎょう》に縁《えん》たり、行は識《しき》に縁たり、識は名色《みょうしき》に縁たり、名色は六入《ろくにゅう》に縁たり、六入は触《しょく》に縁たり、触は受《じゅ》に縁たり、受は愛《あい》に縁たり、愛は取《しゅ》に縁たり、取は有《う》に縁たり、有は生《しょう》に縁たり、生は老死憂悲苦悩《ろうしうひくのう》に縁たり。

（『妙法蓮華経』）

「無明」というのは真理を知らないこと、つまり「根源的な無知」と解釈されていて、何のために自分が生まれてきたのか、どう生きることが正しいかを知らないということである。そこから「行」という刹那《せつな》的、衝動的な思考の走りが生じ、その経験値が歪められた「識」として蓄積されていく。そして自分という存在の「名色」を意識する。そしてそれが視覚、聴覚、嗅覚、味覚、触覚の五官とその五官で感じたものをまとめる意識の六根《こん》を通して、「六入」として外部のものを知覚するようになる。

そして、その六入が外界のものに「触」を生じることで、さまざまな感情の「受」が起こり、愛着の「愛」が起こり、欲望の「取」が生じ、取が起こるためにそれぞれに異なる考えや主張、すなわち差別の「有」が起こる。そしてこの差別心があるために対立や争いに彩られた人生、すなわち輪廻の「生」がもたらされ、それが「老死憂悲苦悩」という現象をもたらすというわけである。

要するに、真理を知らないために自己の感覚器官に翻弄されてしまい、苦による輪廻転生が起こることを言おうとしているのである。つまり、ブッダはそれを断滅する道を十二因縁に悟られた、と伝えられている。

この十二因縁をブッダの悟りとすることに異論はないが、ただし、この時点においてブッダ自身がこのような定型的な論理を悟られたとは考えられない。あまりにもロジカルで整然とまとめられていて、極めて不自然である。これはブッダ入滅後の後世に理論化されたものであることはまちがいない。

「宇宙意識」について

私の主観を並べたところで、ブッダの悟りはブッダ本人だけが知る世界である。のちに「貪《どん》欲《よく》と瞋恚《しんに》に敗《やぶ》れし人に、この法は悟り難し」と、ブッダが説くことを躊躇《ちゅうちょ》されたように、悟りは言葉では説明できないし、聞いたとしても理解できないであろう。よって、これを文字化するのは非常にむずかしいのである。

しかし、言葉や文字で説明できない真理は何の意味も持たない。あまりにもむずかしすぎたために比較的わかりやすいブッダの言行録だけが文字化され、宇宙的な生命観は「雑蔵《ざつぞう》」として放りやられたことが『増一阿含経《ぞういちあごんきょう》』に記されているが、ブッダが人間に貫かれている宇宙意識という妙境地《みょうきょうち》に達せられたことはまちがいない。

宇宙意識というと、ここで梵我一如のことを思い出さねばならない。この修行は、ブラフマンという宇宙の本源をアートマンという自己の根源と一体化させることにあった。太子はこれを求めて出家し、苦行にも挑戦してきた。そして、「梵界に達した」という、さきの記述からすると、太子は梵我一如を果たしたことになる。

しかし、ブッダがブラフマンを中心に立てられなかったことは紛《まぎ》れもない事実である。神を前提とはされなかった。では、何を中心とされたのか。それは「法《ほう》」(ダルマ)であった。法を真理とされたのである。

私にはその気持ちがよくわかる。「神」ではなく「法」なのである。ブッダは宇宙原理としてのブラフマンのことなどどうでもよかったのだろう。なぜなら、ブラフマンが人間を産んだとしても、産みっぱなしのままで育てないからである。

それよりも人間の心に注入されている宇宙意識をいかに育てるか、というところにブッダは着眼されたと思われるのである。心には自他を損なう悪想念も、自他を幸福にする善想念もある。その意識法界は「法」という階梯《かいてい》から成立しているのである。

そのことを発見されたブッダであったからこそ、神の存在を前提とせず、高次の意識レベルを体得する涅槃寂静の修行法を重んじられたのである。これは禅定をとおして内観に入り、自己を静慮《じょうりょ》しながら安穏《あんのん》の境地を心に獲得するという真理であった。

また、梵我一如によって悟りをひらいたとすると、ブッダはバラモン教の証明者ということになり、独自の教えを開教された行為にも整合性がなくなる。神ではなく法。よって、「法我《ほうが》一如《いちにょ》」というべきである、と私は考えている。

こうなると苦の消滅という意味では、ブッダの真理には人種や民族、あるいは宗教さえも超えた普遍性がある。仏教は宗教の範疇《はんちゅう》に入れられているが、断苦の法は全人類的な意味を持っているから、ブッダ本来の教えは人種や宗教を超えていることになる。

もう一つ問題となるのは、「仏身観《ぶっしんかん》」である。南方の仏教国では歴史上、肉体を有しておられた二五〇〇年前のブッダを尊信している。私もブッダを恋慕《れんぼ》しているが、南方のブッダ観とちがうのは、永遠不滅の仏としてのブッダを仰いでいる点にある。

私自身の体験からして、霊魂という意識空間に時間は存在しないように思う。「時間」はふつうに流れているという感覚が人間にはある。四季があったり、老化したりしていることからしても流れているように見えるが、時間は感覚的なものであって、精神的な世界に時間はない。時間の流れの中に生きる当事者には、時間の流れを傍観《ぼうかん》することはできない。時間の流れの外に出て「空性《くうしょう》」という「ひといろ」の世界に入ると物質はもとより、時間も距離も関係がない。そのような「仏寿無量《ぶつじゅむりょう》」という真理空間へブッダは移動されたのである。

もう一つ、ブッダは法を「悟った」のか、それとも「悟らされた」のか、ということも問題になる。ブッダをブッダならしめた「何か偉大なもの」との生命の融合があって、真理に一如されたとするなら、「人」よりも「法」が上ということになる。

さきにも述べたように、低級な神霊が憑依《ひょうい》することもあるのだから、意識の受容体に絶対神の意思が伝わってくることもないわけではない。それを「何か偉大なもの」と呼ぶなら、神の意識生命が太子の心に宿り、「思う」のではなく「思わされる」という現象によって、悟りをひらかせたという見方もできる。

もともと人間の心には宇宙意識が宿っているのである。この意識は極めて高いレベルにあるが、それは人間のすばらしい「叡智」である。美しいものを素直に美しいと感じる心、自分の行いを謙虚に反省する心、人の悲しみを自分の悲しみとする心、世話になった人に感謝する心、その恩に報いようとする心、自分が犯した罪を恥じたり相手を許したりする心は、「何か偉大なもの」がもたらす宇宙意識である。

あるいは、生活を豊かにしたり、仕事を成功に導くものであったり、閃《ひらめ》きや発想という形を借りて、心に流入してくるものである。それは「明《みょう》」、「智《ち》」、「慧《え》」ということになる。

あなたは、朝めざめたとき、お風呂に浸かっているとき、星や海を眺めているときなどに新しい発想のようなものが起こってくることはないだろうか。問題意識を持っていようと、持っていまいと、どこからともなく閃きやヒントのようなものが伝わってくることはないだろうか。

人類はこの叡智によって社会を進化させてきた、と私は考えている。

また、この宇宙意識は古いものを破壊し、新たなものを創造する「循環と調和の法」と呼んでもいい。地球には大気圏、水圏、地圏を通じ、循環と調和の現象がある。一切のものは分解され、変化し、法輪《ほうりん》のうねりの中に入る。そこには相互依存、相互扶助の光景がある。

人間は一人では生きられない。また、この地上にある一切のものも単独では存在し得ない。このことは例えば海の波から説明できる。この場合の波とは、個々の波がこれは自分であるとの自我意識を生じているようなものである。しかし、波は海の一部の現象であって何ら独自性があるわけではない。よって、私たちには全体の場に生かされているという自覚を持つことが大切になるのである。

生まれてきたことも、生きてきたことも自分だけの力ではなく、宇宙の力や周囲の支えによって存在している。生きているのではなく、許されて生きているのだから、無数の恩恵の中に生かされているということ、そして過去から未来に向かう「つなぎ」として存在しているという事実にめざめなければならない。このように考えると「何か偉大なもの」は、人間に反省や感謝や思いやりという高度な意識レベルを与えたとしか思えない。共存共栄の法を人間の課題として掲げているといってよいだろう。

ちなみに、紀元前五〇〇年から紀元前後にかけては、ブッダの他に孔子《こうし》、キリストなど精神的指導者が各地に出現している。大乗仏教では釈迦《しゃか》は「仏」であるが、釈迦をブッダならしめた根本原理は宇宙にあるとしている。『法華経』ではその宇宙生命を「本仏」と呼んでいるようである。

ところで、ブッダと同じ頃に中国に出現した孔子は仁（人間愛）と礼（規範）などに基づく理想社会を実現しようとした。彼はそれまでのシャーマニズムのような原始儒教《じゅきょう》を一つの道徳・思想に昇華《しょうか》させたらしいが、「何か偉大なもの」を「天」と名づけている。

また、イエス・キリストはヨハネ（使徒のヨハネとは別人物）から洗礼を受け、やがては神の子としての自覚にめざめ、愛の教えを説いた。イエスはそれを「神」と呼んでいる。「本仏」

や「天」や「神」という呼称はともかく、「何か偉大なもの」がこの地上を操《あやつ》っているかどうかは人知の及ぶところではないが、その宇宙意識はどんな人間にも貫かれているのである。

ともあれ、太子自身は自己一身の苦悩から出発して、自分の悟りがそのまま人びとの役に立つものであることを知った。これはあたかも汚れた水が水蒸気となり、純度を上げて天空に帰るような真理への参入であった。その真理に一如する宇宙意識、苦を解消する光明が心に内在していることにめざめたブッダは、それによって「妙《たえ》なるすぐれた知見」に達したのである。

この「妙なるすぐれた知見」とは、四諦《したい》、十二因縁という理ではなく、澄んだ心、深い禅定の中で生じる最正覚による人知を超えた認識力を意味しているのである。

ブッダのことを「如来《にょらい》」ともいう。サンスクリット語で「タターガタ」といって、「真理から来れる者」という意味があるらしいが、「如《ごと》く来る」ものが如来、それを認識し、判断するものが「仏」と、私はシンプルに考えている。

神通力については後述するが、たしかにブッダのような高い精神レベルに達することは容易ではないし、怒りや欲の悪魔の世界を脱し、自己反省や感謝の心で心を統一することもむずかしい。

しかし、心が禅定になり、清浄になれば、「他の人々の心をば心によって了解して知る」だけではなく、知る由もない未来のこともおのずと「心の鏡」に映ってくる。乱れた心や欲に覆われた心には真実は見えないが、宇宙意識には幸福と成功の秘密がある。

以上は私の主観にすぎないが、ブッダが図らずも涅槃寂静の境地の中で宇宙意識に到達された真理の法は「悲」や「苦」を超える普遍の叡智である。

Ⅲ　真理の王国の建設

初転法輪

ブッダが悟りをひらかれたガヤーという場所は、今でこそ世界各地の仏教寺院が集まり観光客や物売りたちがひしめいているが、当時は大きな霊樹が立ち並ぶ厳粛《げんしゅく》な森であった。

ブッダがこの森の中で修行をされた六年という期間は、アーシュラマでいうなら「林棲《りんせい》期」というものに相当するのだろう。バラモンの規律では、その次に「遊行《ゆぎょう》期」というものがあって、諸国を巡って自分が悟ったことを人びとに伝えるべき時間と決められていた。

悟りをひらいてからブッダがしばらく霊樹の下で解脱《げだつ》の喜びを味わっておられたときのことである。どこからともなくブラフマンや帝釈天《たいしゃくてん》などの神々が現れ、ブッダに法を説くよう声をかけたという。そのときの問答がある。

我が艱難《かんなん》によりて達したるを　今これを説くは要なし。
貪欲《どんよく》と瞋恚《しんに》に敗《やぶ》れし人に　この法はいと悟り難し。
世の常の流《ながれ》に逆ひ、微妙《みみょう》にして　深く、見難く、細かなり。
貪欲に汚れ、闇蘊《あんうん》に蔽《おお》はるゝ人は　見ることを得ず

（『サンユッタ・ニカーヤ』）

（困苦して得た悟りを、どうして人のために説くことができようか。貪《むさぼ》りと瞋《いか》りに負けている人びとがこの真理を悟ることは容易ではないのだ。これは世の流れに逆らい、微妙であり、微細であり、奥深く見がたいのである。欲を貪る喜びで暗闇に覆《おお》われた者には、けっして見ることができないのである）

世尊《せそん》、法を説き給へ、善逝《ぜんぜい》、法を説き給へ。
〔世間には〕眼《まなこ》の塵《ちり》に蔽《おお》はるゝこと少なき衆生あり。
彼等法を聞くことを得ざるよりして衰《おとろ》へ行くべし。
〔世間には〕法の了解者あるべし

（『同　前』）

（世尊よ、法を説いてください。善導者よ、どうぞ法を説いてください。世間には眼の罪に覆われた人びとが少なくありません。彼らは法を聞かなければ退歩していくでありましょう。世間には世尊の法を理解する者もあるはずです）

起《た》て雄者《ゆうしゃ》よ戦勝者よ
商主よ負債なき者よ世間に遊行したまへ
世尊よ法を説きたまへ
能《よ》く悟るべき者あらん

（『ヴィナヤ・マハーヴァッガ』）

この神々の要請は「梵天勧請《ぼんてんかんじょう》」と呼ばれている。そしてブッダは三度目の要請を受けた後に、改めて世の中を見回した上で、世間に説くことを決意されたのであった。人間不信に陥っておられたブッダが欲にまみれた俗世間に下られるというのは皮肉なことではあるが、世のため、人のためになりたいという気持ちは、ことさらに宗教心の発現というより、人間に普遍的に内在する自然の感情である。

真理の法を説くに当たって、ブッダはまずアーラーラ仙人に説こうとされた。新しい沙門《しゃもん》として立ち上がる報告、あるいはお礼を申し上げようと考えられたのだろうが、そのときまったく別の思いがはたらいたという。

阿羅邏迦羅摩《アーラーラ・カーラーマ》は命終《みょうじゅう》して已《すで》に七日を経《へ》たり。

（『ヴィナヤ・マハーヴァッガ』）

では、もう一人の仙人、ウッダカ・ラーマプッタに説こうと考えられたが、またしても別の思いがはたらいてきた。

鬱陀迦羅摩子《ウッダカ・ラーマプッタ》は昨夜命終せり。

（『同　前』）

この言葉の先には、「時に天あり、身を顕《あらわ》さずして世尊に告げて言へり」とあるから、天、つまり梵天・帝釈などの神々の声を聞かれたのだろう。

そこでブッダは自分の苦行《くぎょう》を支えてくれた五人に説こうと考えられたが、どこに行ってしまったのか行方がわからなかった。だが、ブッダは神通力《じんつうりき》によってカーシ国の鹿野苑《ろくやおん》（ミガダーヤ）という場所にいる五人を発見されたという。

こうして五人を求めて鹿野苑へ向かうことになった。この地はガヤーの森から二〇〇キロほど離れた場所にある。一日に歩行する距離を一二、三キロとするなら、十五、六日ほどをかけて灼熱の大地を裸足で歩んで行かれたことになる。すると憍陳如《きょうちんにょ》（コンダンニャ）、阿説示《あせつじ》（アッサジ）、婆提梨迦《ばだいりか》（バッディヤ）、婆沙婆《ばしゃば》（ヴァッパ）、摩訶那摩《まかなま》（マハーナーマ）の五人が紛れもなくそこにいた。だが、彼らはブッダの姿を遠くに見て驚き、ひそかに話し合うのであった。

「彼處《かしこ》に来るは沙門瞿曇《ゴータマ》なり、彼は奢侈《しゃし》にして精勤《しょうごん》を棄《す》て奢侈に堕せり、彼に禮《れい》をなす勿《なか》れ、起《た》ちて迎ふること勿れ、彼の衣鉢《いはつ》を取ること勿れ、但《ただ》し座は設けん、彼若《かれも》し欲せば坐《ざ》することを得ん」

（『同　前』）

（あそこから来ているのはゴータマだ。彼は贅沢《ぜいたく》に流れ、精進《しょうじん》を捨てて堕落した。彼に対しての礼儀はいらない。座より立って迎える必要もなければ、衣鉢を預かる必要もない。ただし、座だけは設けてあげよう。もし望めば、の話だが……）

しかし、ブッダが近づくと五人は落ち着きを失い、衣鉢を受け取ったり、座に案内したり、足を洗ったりした。一方、ブッダは「友よ、不死が得られた」と語ってから、まず苦行と怠惰の二辺を離れた不苦不楽《ふくふらく》の「中道《ちゅうどう》」、続いてその具体的な内容である「八正道《はっしょうどう》」を説かれ、最後に十二因縁《いんねん》の法をもって「四諦《したい》の法」を教えられた、と仏伝は伝えている。

［八正道］
一、正見《しょうけん》　正しい人生観、世界観を持つこと。
二、正思《しょうし》　目先の欲望にとらわれないこと。
三、正語《しょうご》　礼儀と思慮をもって真実を語ること。
四、正業《しょうごう》　心を整え、練り養っていくこと。
五、正命《しょうみょう》　正しい手段によって自分の尊厳を発揮すること。
六、正精進《しょうしょうじん》　法真理に向かって努力すること。
七、正念《しょうねん》　目的に向かう意識を失念しないこと。

八、正定《しょうじょう》　澄みきり落ち着いた境地を保つこと。

［四諦］

一、苦諦《くたい》　世間も自分の心も苦に満ちていると見定めること。

二、集諦《じったい》　無明《むみょう》と欲望と執着が苦の根本原因であることを見定めること。

三、滅諦《めったい》　この原因を完全に滅して涅槃寂静《ねはんじゃくじょう》の境地に安穏《あんのん》があると見定めること。

四、道諦《どうたい》　その涅槃寂静の境地に進むために八正道を見定めること。

ただ、さきにも述べたように、ブッダが五人に対してこのような理屈を語られたとは思われないのである。経典《きょうてん》著作の段階で、ブッダの悟りをロジカルにまとめようとするのは当然のことであるが、こうした教理は仏滅後に体系化されたものである。

ここは五比丘《ごびく》の筆頭にあった憍陳如とブッダの対話を合理的に想像してみる。

「太子よ、なぜあなたは苦行を捨てられたのですか？」

「心身の限界を感じた上での決断であった」

「昔から難行《なんぎょう》苦行の末に到達すると言われているではありませぬか」

「そうかもしれぬ。だが、苦しみが連続する苦行が苦しみからの解放になるわけがないと考えた」

「それは欲楽に誘う悪魔の手口でございましょう」

「だが、わたしは欲楽に傾くことなく修行を続けた。そして真理を証得《しょうとく》して如来《にょらい》になった。では、わたしが悟った法を語る。聞いてほしい」

「信じられませぬ」

「悟ってもいないことを悟ったなどという嘘を言うつもりはない。しかし、わたしは大悟《たいご》を果たした。その悟りの道を聞くか、聞かないか。そなたたちにそれを聞きたい」

「……わかりました。では承りましょう」

「苦の根源は肉体にあるのではない。苦はそれを苦と感じる心が紡ぎ出すのである。この地上にある形はすべて現象であって本質ではない。自己という本体は心にあるのだ。したがって自己を内観し、苦の因を断たねばならない。苦は欲望と執着によってもたらされる。人間の心は本来美しいが、欲望と執着の業障《ごうしょう》の波が流れ出ると悪魔が集まり、ついには本心そのものが暗雲に覆われていく。したがって、その悪想念を打ち払うために戒《かい》を守り、定《じょう》に入り、自己の想念を法真理に溶け込ませなければならない。それが解脱への門である」

「形は現象であって心が本質？　どういう意味でございましょうか？」

「肉体は変化し、時間とともに滅び去る。ゆえに肉体は仮の城である。嬉しいときに喜び、悲しいときに泣き、自己の利益のために相手を排除したり、自己をよく見せようとする心そのものが自己の本体なのである」

「その罪が苦をもたらしているということでございましょうか？」

「我欲《がよく》という因は必ず相応の結果をもたらす」

「それは前世からの業にございましょう？」

「たしかに、バラモンはそう説いている。だが、わたしはそれを現世において消滅できる法を悟った。苦しみは己自身がつくっている。己がつくった苦しみならば、それを消すこともできるのである」

「いかなる方法をもって苦を消し去るというのでございましょうか？」

「それは涅槃寂静に入ることである」

このように順序正しく説明をされたと私は考えているのである。

そして、このとき憍陳如を筆頭とする五人は次々に「預流果《よるが》」という法眼《ほうげん》を生じ、ブッダに対する誤解と疑惑を消し、弟子になりたいと願い出ることになる。預流果とは、「善き人に親しみ近づくこと、正法《しょうほう》を聴聞すること、それを思惟《しゆい》すること、法のとおりに行うことである」と、別の経典にある。つまり、ブッダの教法の流れに入った、という意味である。

こうして彼らはブッダへの信を回復させた。軽蔑から信仰へと気持ちを転回させた背景には、理を超越するブッダの偉大な力があったと見なければならない。

そして、組織のためのルールが必要になった。そこで決められたのが「不殺生戒《ふせっしょうかい》」、「不偸盗戒《ふちゅうとうかい》」、「不妄語戒《ふもうごかい》」、「不飲酒戒《ふおんじゅかい》」、「不邪淫戒《ふじゃいんかい》」という「五戒」であった。後世では、「戒」とは在家・出家を問わず仏教徒全体に課せられたルール、「律《りつ》」とは出家者の僧侶のみに課せられたルールのことと明確に区別されるようになったが、最初はこのシンプルな五戒からはじまったのである。

そして、そのルールの上に成立した組織の名を「僧伽《そうぎゃ》」と名づけられた。これは「サンガ」というサンスクリット語を音写して漢訳したものであるが、本来は有力者の会議によって統治される国の形態のことを意味している。つまり、僧侶同士が話し合うことによって集団生活を円滑なものにしようとしたのだろう。

現在でもそうであるが、得度の際はまず「灌頂授戒《かんちょうじゅかい》」という儀式がある。仏・法・僧の三宝に帰依《きえ》する約束をしてはじめて出家が認められることになっている。その頃は五戒の誓いを立てた後に出家が許されていた。

ただし、ブッダの願いは戒律そのものの遵守《じゅんしゅ》ではなく法の実践にあった。ブッダの真理は「法」である。私はその法について次の二つに分けている。

一、永遠に常住する真理
二、ブッダの教え

ブッダの教えは万人の模範であり、教えに従って修行をすれば永遠常住の法と一如するものであった。それは教えに真理が含まれているからである。ゆえに教えは法なのである。例えば、智慧《ちえ》や禅定《ぜんじょう》というのは苦を断じる因である。その因の力は永遠に常住する法として人間の心の中にも宿っているのである。

興味深い言葉がある。

われ過去の正覚者《しょうかくしゃ》の辿《たど》り給《たま》ひし古道《こどう》、古径《こけい》を発見せり
（『サンユッタ・ニカーヤ』）

つまり、この真理の法はブッダのオリジナルな悟りではなかったことになる。「過去の正覚者」というのは、ブッダ以前に出現した諸仏《しょぶつ》のことである。じつは、仏とは釈迦一人だけではない。真理の法を悟れば、誰もがブッダになれる。ただし、ブッダはその道を教えるのみであって、歩むのはそれぞれの人間なのである。この道は法の道であり、具体的には心の制御にある。

もう少し真理の法について考えてみたい。

仏教でいう真理は一神教のそれとはちがうのである。キリスト教やイスラム教では真理の主体を神に置く。そして神の命令に服従する僕《しもべ》となることを勧めるが、ブッダの真理は永遠常住の法に心を一如させることにあった。

ブッダは人間の心の世界を深く観察された。例えば、感情という意識の中には怒り、欲、妬《ねた》み、憎悪、慈悲などさまざまな世界がある。ブッダの教えは悪想念の六道《ろくどう》世界から抜け出して、「仏」へと意識の階梯《かいてい》を上っていくことにあった。それが「仏道修行」であった。

一般的に、修行には時間と距離があるように思われるが、それは人間の先入観であって、心の修行は時空を超越し、「真我《しんが》」を確立することにある。要するに、清浄《しょうじょう》な宇宙意識に到達することである。

ところが、人間はそれぞれの業によって法真理から離れた迷妄《めいもう》の世界にいる。この心の乱れは、宇宙意識を妨げる気分の乱れである。

気分とは心の大気のようなもので、温かくなったり冷たくなったり、明るくなったり暗くなったり、収縮したり膨張したり、外部を知覚することによって変化を見せる。ふだん何もないときはイライラしないけれども、疲れたり、思いどおりにいかない局面になったりすると気分は低気圧になる。

理性はそれを制御する動きを見せるが、心は気分に翻弄《ほんろう》されながら行動の決断を下す。人は欲望の風に煽《あお》られ、目先の現象に一喜一憂したり、無軌道な我欲の生活に流れていくこともある。

（『スッタニパータ』）

意《こころ》の混濁《こんだく》せるを識《し》りては、
黒〔魔〕の分として除去すべし。
（心の乱れを感ずるときには、悪魔の仕業であると思って、これを除き去れ）

ブッダは気分の乱れを禅定の中でコントロールすることを教えられた。人間に注入された宇宙真理の法に一如すれば、一切の苦から解放されると説かれた。よってこれを「法宝《ほうぼう》」という。ともあれ、ここでブッダという「仏」、教えの「法」、弟子たちで構成された「僧伽」の三つが完成した。これは仏・法・僧の「三宝」と呼ばれるようになるが、この僧伽は「真理の聖なる集い」ということを意味していた。

真理の前には師匠も弟子もない。ブッダはバラモン神官のような神の使者と見なされることを拒絶された。自分も弟子も等しく「法」を求め、「法」に生きていく存在であって、真理の前にはすべてが平等という考え方を持っておられた。

世界の動揺も悲惨も、人間の業の結果であると考えられていて、一人ひとりが心を落ち着けて自分を見つめ、小さな自我意識から解放され、自分を全体の場に返そうとする奉仕や貢献の気持ちを持たせて、調和ある社会をめざす。法を説くことによって、そういう高次の意識を仏弟子たちに持たせようとされたのである。

ところで、そのような「法」が重視されたにもかかわらず、現在の仏教寺院では本堂の奥に金色燦然《こんじきさんぜん》たる「仏」を祀《まつ》っている。仏像は紀元後一世紀頃にギリシャかローマから入って来たもので、最初は仏像というものは存在していなかったのである。仏像の前に額ずくと気持ちが洗われるという効果はある。これを「偶像崇拝」と嫌う人もいるが、空気を拝んでも効果はない。これは一種の方便として認めなければならない。

ついでに、もう一つ誤解を解いておきたい。のちに出現した鳩摩羅什《くまらじゅう》や玄奘《げんじょう》などの訳経僧《やくきょうそう》は経典をつくるとき、ブッダを偉大視するあまりに欲望を滅した人として、「滅」と表現している。しかし、滅というのは少し誇張かもしれない。なぜなら、この世に肉体を有している以上、まったく欲望がないというのはあり得ないからである。「滅」よりも「制」と翻訳すべきだったのではないだろうか。ただ、「制」と翻訳すればブッダへの尊崇の念が希薄化してしまうこともあるので、それを恐れて「滅」と、極端な訳語を選んだにちがいない。高次の意識に到達していても、人間は知覚によって気分が乱れる。

ブッダは長年の苦行によって腰を悪くされている。肉体は本質ではないと言いながらも、それによって非常に苦しまれたことが経典から伝わってくる。だが、ブッダは体調が悪いときも涅槃寂静を心がけられたようである。経典の中には、生きているときを「有余涅槃《うよ》」、入滅後を「無余《むよ》涅槃」と区別しているものもある。無余涅槃は「滅」といってよいが、有余涅槃は完滅に到る修練であったことになる。

こうして布教の出発点となった鹿野苑での教化《きょうげ》は、一般的に「初転法輪《しょてんぼうりん》」と呼ばれているが、欧州の仏教学者はこれを「真理の王国の建設」と翻訳している。

最正覚について

ブッダが神通力によって、人びとを救済、教化されたことは仏伝に多く散見できる。さきに述べた二人の仙人が亡くなっていたこと、五人の行方がわかったこと、そしてその五人に説かれたときも、それぞれの心を読んで法を説かれたにちがいない。この神通力の種類としては次の六つがある。

一、宿命通《しゅくみょう》（自分や他人の前世、あるいは未来を把握する力）

二、天眼通《てんげん》（遠近を問わず、大小にかかわらず、あらゆるものを見通す力）
三、天耳通《てんに》（ふつう聞こえることのない遠くの話し声を聞いたりする力）
四、他心通《たしん》（他人や動物、植物の気持ちを理解する力）
五、神足通《じんそく》（化身と呼ばれる別の自分が抜け出し、異次元世界を自在に体感する力）
六、漏尽通《ろじん》（諸現象の本質を的確に見極める力）

私はこれを「最正覚《さいしょうかく》」と師から教わった。最正覚というのは、仏教界では「悟り」と同じものと見なしているが、「悟りの結果」として身につく高次の認識力のことである、と説明を受けた。

一般的に神通力には、外部から神の意識が入り込むことによって把握するものと、自分の宇宙意識が観せるものの二つがある。いわゆる守護神によって観せてもらうもの、自力で心眼に映ってくるものの二つである。前者は他力、後者は自力である。霊能者のほとんどは守護神の託宣《たくせん》によるものが多い。

例えば守護神の場合、私には次のような宿命通の体験がある。

あるところに長男と絶縁状態にあった母親がいた。夫との間にいろいろなことがあって、彼女は長女と次男の二人を連れて家を出た。彼女にしてみれば長男も一緒に連れ出したかったたが、高校二年生ということもあって、もしかすると経済的に大学進学の夢を阻《はば》むかもしれないと可哀相に思い、家に残すことになった。長男にしてみれば捨てられたと恨みに思っているだろうと彼女は苦しんでいたが、その長男はやがて家を出て行方不明になった。心配でたまらない彼女から私は相談を受けた。

「つらいだろう。でも、この子が二十三歳になった頃、連絡してくるでしょう。けれども、長男には期待しない方がいい。それよりも君の力で二人の子どもさんを養わなければならない。そのためにも、今のうちに介護の資格を取っておきなさい」

彼女にしてみればすぐにも会いたいのに、二十三歳まで待つことはできそうになかったが、辛抱して働くうちに長男から連絡が入ってきた。

「お母さん、ぼくは二十三年前に生んでもらったときからのことをお母さんに感謝している。この六年間、お母さんに関わることはすべて忘れたくて、携帯の電話番号やメールアドレスも削除していた。だけど、ぼくはやっと大学を卒業できた。就職が決まったら必ず会いに行くから待っていて。でも、ぼくは田舎には帰らないよ」

案の定、彼は帰郷しないで都会でがんばっている。彼女もヘルパー資格を取ってがんばっている。

「二十三歳のときに連絡してくる」

「期待しないで待っていなさい」

私は祈りをとおして胸に伝わってくる神の意識を言葉としてそのまま伝えたのである。


一方、他心通の体験として印象に残っているのはニセ不動産屋との対話である。

ある日、私に土地の購入を持ちかけてきた不動産業者がいた。ところが話を聞いていると、不思議なことにその人の顔がアンコウに観えるのであった。鼻先の提灯で光を出して獲物を探しているアンコウなのである。目を開けると本人の顔であるが、目を閉じるとアンコウであった。いろいろ考えてみて「私はこの男の餌なのだろう。だまそうとしているにちがいない」と考えて断った。後で新聞を見ると、「架空の不動産投資話で詐欺師グループ逮捕」と、見出しにあった。

天眼通としては、行方不明になっていた従弟の居場所を突き止めた思い出がある。叔母が泣くように頼むので、仏前に坐って無の境地になっていると従弟がラーメン屋にいることがわかった。「場所はどこですか?」と神さまに尋ねると、目印の看板がズームアップしてきた。

この従弟はたびたび行方をくらますことがあって、次のときにはスーパーマーケットで、弟子五人を引き連れて出口を固め、階段の奥で「御用《ごよう》」にした。

ただ、そうは言っても気分が乱れているときは把握することができない。焦りや不安のない落ち着いた気分でなければ感応《かんのう》しない。理に走る気分の状態では無理のようである。

ブッダは禅定を心がけることで常に宇宙意識と同化しておられたため、何らかの問題意識を持つと、それが自力で意識に映ってきたようである。経典にはブッダの心に「大円鏡智《だいえんきょうち》」という丸い鏡のようなものがあって、いろんなことが映ってきたと記されている。

大円鏡の諸《もろもろ》の色像《しきぞう》を現《げん》ずるが如《ごと》し。是《かく》の如《ごと》く如来《にょらい》の鏡智《きょうち》の中に、能《よ》く衆生《しゅじょう》の諸《もろもろ》の善悪業《ぜんあくごう》を現ず。（『大乗本生心地観経《だいじょうほんしょうしんじかんぎょう》』）

（鏡がいろいろなものを映し出すように、如来の鏡智の中には衆生の善業も悪業も映ってくる）

例えば、言葉で人を傷つける人は嘴《くちばし》の長い鳥に観えたり、猛毒を持つ蛇に観えたり、言葉の罪の度合いや本音と建て前の差が映ってきたようである。

ブッダの場合の自力は「分身散体《ふんじんさんたい》」といって、「化身《けしん》」という意識の一部を送り出すことで、それを可能にされたようである。何か問題意識を持つと、その意識の一部が虚空《こくう》を駆け抜けて行き、時空を超えてその分身の意識が答えを持って帰って来る。これを「一念三千《いちねんさんぜん》」という。一念は時空を超えて未知の世界を把握するという意味である。

当時の修行者たちの間では心が清浄になると、この超意識的な力が備わると考えられていた。

「阿羅漢《あらかん》」と呼ばれた仏弟子たちにもそのような力があって、のちに仏教教団がバラモン教を凌《しの》ぐ勢力になっていくのも、そうした特殊能力によるものであったが、ブッダはそれを人の前で示すことを嫌い、弟子たちにも自己顕示のために使用することを制止されている。神通力は涅槃寂静に起こる力ではあったが、観えるものを隠して静かに法を説かれるのであった。

ブッダの頃の仏教は理屈の教えではなかった。無学文盲の人びとが多かった時代だから理屈ではなく、人知を絶した神通力が大衆の信を促し、一世を風靡《ふうび》したと見るのが自然である。

会社のトップ経営者の中で禅を組む人がいる。経営戦略など未来を左右する重大な選択が課せられているため、先入観や思い込みをはなれ、「空《くう》」の境地で正しい判断を下そうとしておられるようであるが、じつは、この宇宙には「叡智《えいち》の井戸《いど》」のようなものがある。

これは稲盛和夫氏が『生き方』という著書に書いておられる言葉であるが、じつにうまい表現である。たしかに宇宙には智慧の井戸のようなものがあって、そこから発想や閃《ひらめ》きが心に伝わってくる。前後左右、あるいは将来のことについての正しい判断を下す無尽蔵《むじんぞう》の智慧の倉のようなものがある。人間は時空を超越する潜在的な能力を持っている。

ふつう人間は五識《しき》、つまり目・耳・鼻・舌・身の五官をとおして物事を認識するが、目は見るだけ、耳は聞くだけ、鼻は嗅ぐだけ、舌は味を知るだけ、身は触れるだけのもので、その奥にある本質的なものまで捉えることはできない。それを捉えるのは「意識」の力である。

例えば、ここにラーメンのスープがあるとする。このスープの味が薄いと、もう少し調味料を加えた方がよいと感じる。これは舌が感じるのではなく意識の作用なのである。そしてその意識をずっと深めていくと、一つの味が決まる「断点《だんてん》」がある。

何か問題意識を持っていると、ごく自然に問題解決の糸口となるものやヒントなどが心の宇宙意識から自然に舞い込む。それは必ずしも神妙な面持ちで祈らねばならないというのではなく、リラックスしているときにも起こるのである。

じつに人間は不思議な力を潜在的に有している。斬新な閃きや発想によって何かを発明したり、不合理を合理化したり、それを社会の発展のためにはたらきかけようとする気持ちも宇宙意識の表れといってよい。純粋に人のことや社会を想う気持ちも宇宙意識の発現である。私はこれまですべての事業や活動に際して、神から伝わってくる波動、あるいは禅定の中での決断によって動いてきたが、まだ自力には到ってはいない。

欲望の魔火

この鹿野苑においてブッダは五十人の若者を弟子にされたという。その中の　人の親が息子を取り戻そうとやって来たらしいが、ブッダの教えに触れて感動すると、夫婦一緒に在家信者となった。やがてブッダは弟子たちにも布教を勧められることになる。

比丘《びく》等《ら》よ、多くの人々の利益《りやく》と幸福《こうふく》の為に、世間《せけん》を憐《あわれ》みて、人天《にんでん》の利益と幸福との為に遊行せよ。

（『サンユッタ・ニカーヤ』）

これはブッダの教えが自己一身の幸せにとどまるものであってはならないことを物語っているが、その心構えとしては次のようにある。

かれが、自分がぬかるみに落ち込んでいるのに、他のぬかるみに落ち込んでいる人を引き上げるという、こういう道理はない。

（『マッジマ・ニカーヤ』）

自分の足が届かない泥沼にもがいていながら沈みゆく隣人を助けることはできない。他者を助けるためには自らの足が着地していなければならない。その修行は自分自身を知ることからはじまるのである。そのためにブッダは日ごろから弟子たちに真理の法を説いて聞かせ、その上で静かに己を見つめる涅槃に入ることを勧められ、ある程度の境地に達した者にかぎって法を説く資格を与えられた。

大乗仏教には「上求菩提《じょうぐぼだい》・下化衆生《げけしゅじょう》」という思想がある。これは上に真理を求め、下に衆生を教化《きょうげ》する菩薩行《ぼさつぎょう》の意味である。真理の世界（真諦《しんたい》）に入り、そこから下って大衆の視線に合わせた法門（俗諦《ぞくたい》）を説きつつ、大衆を真諦の世界に引き上げていく。上っては下り、下っては上ることを繰り返して、経験値を積み上げながら智慧を高めていくというわけである。「菩薩行」というと宗教の匂いがするが、人の役に立とうという気持ちは宗教を超えている。


鹿野苑から王舎城《おうしゃ》に向けて布教を開始されたとき、火の神を崇拝している三人の兄弟を教化されたエピソードがある。当時のインドには祭壇の聖火を善神の象徴としていた「拝火教《はいかきょう》」という宗教があった。これがバラモン教の火神アグニとどういう関係にあるかはわからないが、彼らはマガダ国の頻婆沙羅《びんばしゃら》王（ビンビサーラ）の信仰を得ていたという。

この教団を主宰していたのは「三迦葉《さんかしょう》」と呼ばれていた三人の兄弟であった。長男の迦葉は尼連禅河の上流のウルヴェーラーにいたので優楼頻螺《うるびんら》迦葉（ウルヴェラー・カッサパ）と称し、次男の迦葉は中流にいたので那提《なだい》迦葉（ナディー・カッサパ）と名乗り、三男の迦葉は下流のガヤーに住んでいたので伽耶《がや》迦葉（ガヤー・カッサパ）と呼ばれていて総勢一千人の弟子を有していたという。その優楼頻螺迦葉が住む聖火堂をブッダが訪ねられたことがあった。

「今日のうちに王舎城へ向かうつもりでしたが、日も暮れてしまいましたので、差し支えなければお泊め願えませぬか……」

ブッダが宿泊を乞うと、彼は若い沙門と見てか面白半分で脅《おど》すようなことを言った。

「それはたやすいが、ここには凶暴で恐ろしい毒龍が棲《す》んでいる。それでもよろしいか？」

「寝泊まりできればどこでもけっこうです」

案内されるままに石室に入ってしばらくすると、ブッダの前に一匹の龍が毒煙を吐きながら現れ、バトルがはじまったという。しばらくして石室の窓から炎があふれ出る様子を見た彼は、もうそろそろ焼け死んでいるだろうと考え、翌日に死体を片づけることにして休んだ。ところが朝になって部屋に入ると、ブッダが差し出された托鉢の鉢の中に小さくなった毒龍の姿があった。

「汝はまだ聖者に非ず。聖者の何たるかを知らず」

説法に触れて彼は感服して兜《かぶと》を脱ぎ、仏門に下ると火の祭具を尼連禅河《にれんぜんが》に投げ捨てた。二人の弟は上流から祭具が流れてくるのを見て、兄の身に異変を感じて訪ねてきて、兄と同様にブッダのもとで出家することになったというエピソードである。

しかし、これも漫画チックすぎて事実とは思えない。優楼頻螺迦葉という仏弟子はたしかに実在しているが、火神に依存して祭式を行うよりも苦の原因である欲望の魔火を消す聖者になるよう教化を受け、その教えに感銘して弟子になったということであろう。

やがて、ブッダは彼らとその弟子の一千人を自分の弟子にして、伽耶山《がやざん》の頂上から眼下に点在する街並みを眺めながら次のように説かれた。


比丘等よ、一切は熾然《しねん》なり。比丘等よ、如何が一切は熾然なりや。比丘等よ、眼は熾然なり、色は熾然なり、眼識《がんしき》は熾然なり、眼觸《がんしょく》は熾然なり、眼觸に縁《よ》りて生ずる受の若しくは樂若しくは苦若しくは不苦不樂なるも熾然なり。何を以てか熾然なりや。貪火《どんか》、瞋火《しんか》、癡《ち》火《か》を以て熾然なり、生、老、病、死、愁、悲、苦、憂、惱を以て熾然なり、と我説く。

（『ヴィナヤ・マハーヴァッガ』）


「人間は欲望に燃えている」という意味は、憂い、苦しみ、悩みの魔火に焼かれているということである。この火を消さなければ真の安《やす》らぎは得られないというのがブッダの考えであった。

ふつう、欲望があるからこそ夢も達成され、社会も発展すると考える。しかし、欲望には際限がないのである。一つのものが達成されると次の欲望との間に距離が生まれ、それを縮めようとして苦しみが生まれる。足《た》るを知れば苦しみもないが、私を含めて、それができないのが人間である。

当時のマガダ国は「アイアン・ラッシュ」ともいうべき鉱業が繁栄をもたらしていて、ガヤーという街も王舎城と同じく鉄鉱石を産出していた。鉄の製錬《せいれん》によって農機具や武器がつくられ、それを運ぶ海上輸送などの流通手段も発展しつつあった。戦争の武具を必要とする王にとって鉄鉱石は軍事上、垂涎《すいぜん》の原料である。王はこれを有力な商人から買い取り、商人たちもその利権によって多くの富を得ていたのだろう。

時代は物々交換から貨幣経済へと変革されつつあったので、一攫千金《いっかくせんきん》を夢みて各地から押し寄せた労働者であふれかえっていた。そこに生じる格差もあれば、欲望から起こる社会の濁りもあった。ブッダには中道、つまり物心両面のバランスのとれた社会を創造しようとする気持ちがあったが、お金ゆえに生じる醜い争いが愚かに見えたのだろう。

それにしても直前まで火を清浄なものと信じていた彼らに、火を業火として話をされるとは歯に衣着せないブッダの信念を垣間見るものがある。ちなみに、ブッダは財というものを否定されていたわけではない。とある王との対談の中で語っておられる。

「正当な行為によって財を得ることは悪いことではない。問題は集め方、使い方にある。まっとうな方法で財を得て、人を喜ばすために使いなさい」

世の中には邪道を踏んでお金を集める人間がいる。正道の商いであってもお金を貯め込むだけの人間もいる。お金は使うときに喜びがある。貯め込むだけ貯め込んで使わないのでは意味がない。それを知らない者はお金を求めながらお金に縛られていることになる。

上首の入門

ブッダの存在が世に知れ渡るようになると有能な弟子が集まって来た。その中でも舎利弗《しゃりほつ》（サーリプッタ）と目連《もくれん》（モッガラーナ）の二人は特に有名である。俗に「智慧の舎利弗」、「神通の目連」と呼ばれているが、この二人の力が僧伽を発展させていったようである。

もともと二人は王舎城近くの村に住んでいた。舎利弗はバラモン教の学者であった父からバラモン教師として将来を嘱望《しょくぼう》されていた。一方、目連の父も頻婆沙羅王に仕えるバラモンの教師であった。二人は年齢も近く竹馬《ちくば》の友として仲が良かったらしい。

そのままならヴェーダ聖典の学者というエリートコースをともに歩んでいたはずだが、六師《ろくし》外道《げどう》の一人で「不可知論者・懐疑論者」のサンジャヤという思想家の弟子になっていた。バラモン教に対して不満があったのかもしれない。

しかし、サンジャヤの教えは曖昧模糊《あいまいもこ》としていた。例えば、のちのマガダ国の阿闍世《あじゃせ》王（アジャータサットゥ）の「あの世はあるのか？」という質問に対して、彼は次のような回答をしている。

「大王よ、もしもあなたがあの世は存在するかとお尋ねになったとき、わたしがあの世が存在すると考えているならば、あの世は存在すると答えるでありましょう。また、存在しないと考えているのならあの世は存在しないと答えるでしょう。しかし、わたしはあるとは思わないし、ないとも考えません」

言語明瞭《めいりょう》意味不明。当時の人びとからは「鰻問答家《うなぎもんどうか》」、つまりヌラヌラして捉え難い思想家として嘲笑《ちょうしょう》されていた。真理を追究しようとして弟子になった二人が満足できなくなっていったのも当然のことであろう。

そんなある日、舎利弗は王舎城の竹林精舎《ちくりんしょうじゃ》付近を歩いている一人の托鉢僧《たくはつそう》にどことない気品を感じた。例の五比丘の一人、阿説示であった。そこで舎利弗は彼からブッダの教えである「縁起《えんぎ》」について聞いた。そして速やかにそれを理解して、帰ってから目連と話し合った。結果には原因があるということ、その原因を明確にした上で努力を積み上げていくところに正しい生き方がある、と説くブッダの教えを魅力に思ったのだろう。二人は弟子になろうという意見で一致したのであった。

ただ、二人はサンジャヤの下で二五〇人の後進をまとめる立場にあり、無責任な行動はとれなかったので、彼らに自分たちの気持ちを伝えた。するといずれも二人についていくという答えが返ってきた。二人が彼らを率いて竹林精舎を訪ねようと出発したとき、サンジャヤは驚きのあまり口から血を吐いて倒れたらしいが、これもやや誇張で、実際は憤慨《ふんがい》したという程度のものにちがいない。ただ、このときもブッダは彼らが精舎に来ることを神通力で予見しておられる。

「まもなく二人の友が来る。やがて彼らは清浄なる修行をなす者の中にあって、我が教えによって一双《いっそう》の上首となるであろう」

そう僧伽の比丘たちに告げられると、その後、たしかに二人がやって来て、ブッダの教えに納得し、二五〇人とともに出家したという。舎利弗の叔父であった摩訶拘絺羅《まかくちら》という人物が彼を取り戻すためにブッダのもとを訪ねて来ている。伝統あるバラモン教の信者からすると、怪しい新興宗教のように映っていたのだろうが、逆にブッダから教化されて出家した、と仏伝には記されている。

やがて二人は比丘たちからの信頼を得て、僧伽の双璧の上首と目されるようになった。ここで僧伽は一三〇〇人近い大所帯になったが、ブッダのもとで出家する者が増えてくると、王舎城ではしだいにブッダへの妬みや批判の声が広がりはじめる。

「大沙門、摩竭國《マガダこく》のギリッバヂャに来れり

一切の刪若《サンジャヤ》の徒を已《すで》に誘ひ今また誰を誘ふや」

（『ヴィナヤ・マハーヴァッガ』）

（大沙門がマガダ国の王舎城に現れた。すべてのサンジャヤの徒を誘い入れ、次には誰を誘おうとしているのか）

誹謗中傷《ひぼうちゅうしょう》を受けて僧伽は不安に包まれたが、ブッダが気にする様子もなく静かに説得された言葉が仏伝に記されている。

「比丘たちよ、そのような非難の言葉は七日もたてば消える。混乱してはならぬ。真理の体現者は正しい方法で導かれる、とだけ答えよ」

たしかに七日目を迎える頃には悪口も収まったという。正しいことをしているのなら逃げることなく貫いていくこと、そのうちに誤解は収まるというブッダの考え方がここから読み取れるが、流れを読む智慧、周囲の波風に翻弄されない信念を持っておられたことが伝わってくる。

もう一人、この頃、ブッダの弟子となった人物に摩訶迦葉《まかかしょう》（マハーカッサパ）という人がいる。さきの三迦葉とはまったく別人であるが、彼もまた王舎城近郊に住むバラモンの子であったが、僧伽の上首となる人物である。

摩訶迦葉は「頭陀《ずだ》第一」と呼ばれている。彼は一日一食を旨とし、粗末な衣をつけ、人里離れた山林を好んでいつも瞑想《めいそう》修行を心がけていた。舎利弗や目連のような華やかさはないものの、彼は土臭く法一筋に修行に打ち込むいぶし銀のような弟子であったと私は考えている。

彼の功績はブッダの入滅直後の行動にある。

ブッダが入滅された直後、「第一回経典結集《けつじゅう》会議」が行われた。なぜ、このような会議が開かれたかというと、ある比丘から聞いた言葉に摩訶迦葉が衝撃を受けたからであった。ブッダの入滅が間近いことを伝え聞いた彼が、五百人の比丘たちとブッダの行方を捜していたとき、向こうからやって来た一人の比丘と出会う。

「今、世尊がどこにおられるのか、そなたは知らぬか？」

すると、その比丘はブッダがクシナーラーで入滅されたことを伝えた。それを聞いた五百人の比丘たちが悲しんでいると、その様子を見て言った。

「友よ、泣くのはやめよ。われらは、やっとかの大沙門から逃れたではないか。今までかの大沙門から苦しめられ、圧迫されてきたが、今や欲することを為し、欲せざることを為さずともよくなったではないか」

この言葉を聞いた摩訶迦葉は、修行を苦や圧迫と受け止めている比丘が僧伽内部にいることに愕然《がくぜん》とさせられ、自分が生きているうちにブッダが説き残された「教法」と「律」をきちんとまとめて後世に備えておかねばならないと考え、五百人の阿羅漢比丘たちを王舎城下の七葉《しちよう》窟《くつ》という洞窟に集めて経典結集を決意した。

そして、その場に阿難《あなん》（アーナンダ）と優婆離《うばり》（ウパーリ）の二人を呼ぶ。阿難は二十五年にわたって侍者としてブッダの教えと行動を知っていたので、彼の力を借りなければ教法の結集はできず、戒律に長けていた優婆離の力も借りなければならなかった。

こうして摩訶迦葉は議長役になって、二人の記憶に残っている教法と律を五百人の阿羅漢比丘の前で語らせた。阿難はブッダが「いつ」、「どこで」、「どういう教えを」、「誰に」説かれたか、記憶をたどりながら語り、優婆離はブッダ在世中に適用された律を伝えた。

そして、五百人の記憶と照合してまちがいないと判断したものについて読み合わせをする「誦出《じゅしゅつ》」という作業が行われた。サンスクリット語で「結集《けつじゅう》」という言葉の本来の意味は「ともに歌うこと」である。歌い合いながらリズムで記憶に刻みつけて言葉で弟子たちに伝えられていくことになった。

やがてこれが文字化されるときがやってくる。それが「経典」であるが、その時期はブッダの入滅後二百年から三百年たった部派仏教の時代の頃のことと考えられている。

いずれにしても、摩訶迦葉の発案がなければブッダの存在も教えも後世には伝えられていないのだから、彼にはブッダの教えを伝えた功績がある。ちなみに舎利弗、目連、摩訶迦葉の三人が僧伽に入ったのは、ブッダが成道《じょうどう》されてから二年ないし四年の間の出来事のようである。

近くにありて遠き者

僧伽は一三〇〇人近い弟子で構成されていたが、ブッダは彼らを薬草、薬木《やくぼく》と考えられていたようである。薬草、薬木には薬になる成分がある。ただ、彼らには悪業《あくごう》もあって法真理の軌道からはずれることもあった。それは天性の美を封じ込める業の仕業であった。ブッダはそれぞれの持ち前が発揮されて世間の役に立つ菩薩に導こうとして、その薬性《やくしょう》を引き出すために説法の雨を心に降らされたのである。

仏弟子たちは「一処不住《いっしょふじゅう》」といって、一つの場所にとどまっていたわけではない。遠くで修行する者もあれば、ブッダの身近で修行する者もいたが、心が緩むこともあったようである。

修行に距離は関係ない。遠くに離れているからこそ恋慕渇仰《れんぼかつごう》の心が強く、身近にありすぎるからこそ感謝の心が希薄になるということもある。ブッダの視線は心の距離に注がれていた。

設使《たとい》此の間を離るゝこと千由旬《せんゆじゅん》、百千由旬なるも、故に遠しと為さず、猶《なお》我に近きが如きと異ならず。（略）正使僧伽梨《たといそうぎゃり》を著《つ》けて吾左右《わがさう》に在るも、此《こ》の人猶遠し、然る所以《ゆえん》は、我恒《つね》に反復なき者を説かざればなり。

（『増一阿含経《ぞういちあごんきょう》』）

（たとえ自分より遠い千里、万里の場所にいたからといって、わたしより遠い場所にいるとはかぎらない。（略）たとえ法衣《ほうい》をまとってわたしの側にいるとしても、この人は遠くにいる人である。なぜなら、私は恩を知る必要がないなどとは説かないからである）

ここにある「反復」とは「恩」のことのようである。「恩を知らない者は大きな恩さえわからないのだから、小さな恩などわかるはずがない。恩を受けたことを忘れてはならない」とも付け加えられている。

恩というのは、「因」と「心」と書く。子どもを想う親の因、弟子を想う師匠の因、つまり思いやりの心を理解しないことが恩を知らないということである。いつもブッダの気持ちを理解して修行している者は、常にブッダと近い場所にいることになるが、近くにいても、気持ちがわからない者はずっと法真理から離れた場所にいるということになる。

もっと深く「距離」ということを考えると、表面的に法衣を着ていても、それがそのまま修行者とはかぎらないということになる。体の距離としては近くにいるとしても、心の距離という意味でいうと必ずしも近いわけではないのである。また、形が似ているからといって同じとはかぎらない。剃髪《ていはつ》しているから仏に近いとか、僧侶専用の数珠《じゅず》を持っていたり、僧侶がいのお経《きょう》を唱えるから仏に近いとか、寺の中にいる者だけが修行している人間であるともかぎらない。

例えば、体がそばにありながらキリストの弟子に選ばれた十二人の使徒の一人であったユダという人物はキリストを裏切っている。その一方で、時代がちがう現代にあってもキリストに対する純粋な信仰を貫いている人もいる。

私が感銘するのはこうした物事の本質を見抜かれる仏眼《ぶつげん》である。ブッダは慈悲者と呼ばれているが、単なるヒューマニストではなく、心というものの本質をえぐり出す智慧者でもあった。それはブッダが開悟《かいご》によって培われた清浄な仏眼を持っておられたからである。

ここで智慧者としてのエピソードをいくつか紹介するが、その前に、比丘たちは簡単にブッダの指導を受けられる環境にはなかったことを念頭に置いておかねばならない。むろん、尊敬と期待を一身に集めておられるブッダであるから、その教化を直々に受けたいと願う比丘は少なくなかったはずであるが、一処不住の托鉢生活なので、全員がまとまってブッダの説法を傾聴することはできなかったのである。

のちに寺院の前身である精舎が王族や長者などから寄贈されることになるが、一カ所に集まると、托鉢のために村びとたちに負担をかけることになる。精舎ができても一堂に会することはなく、それぞれ各地に群れていた。通信手段もなかったので、ブッダがどこにおられるのか情報もつかめなかった。

仏伝には、阿難が侍者となるまでは比丘の誰かが代わる代わるお伴をしていたことが記されている。おそらくは、お伴をしながらブッダの教えを受けたのであろう。

ある日、弟子を伴ってサキャ国へ帰られたことがあった。サキャ国には河も森もあれば弓の名人もいたので、弓や矢をつくる弓師、船を動かす船頭、家をつくる建築士の姿を眺めながらブッダは次のように教えられている。

弓師《ゆみし》は能《よ》く角を調《ととの》へ　水人《かこ》は能く水を調ふ　巧匠《たくみ》は其《そ》れ木を調へ　智者は自ら身を調ふ

（『増一阿含経』）

（弓師は木を削り、弓をつくり、鏃《やじり》をみがく。船頭は水の流れを操《あやつ》る。大工は巧みに家をつくるが、本当に智ある者は自分の心を調える者である）

弓師は弓矢の材料を選んだり、巧みに鏃を削ったりする技術を持っている。船頭も水の流れを読んで自在に櫂《かい》を操り、大工も緻密《ちみつ》に寸法を測り、丈夫な家をつくる。しかしブッダは単に彼らの巧みな技術を褒められているわけではなかった。優れた技術を持っているとしても、自分の感情の波を制したり、心に線を引いたり、真理の殿堂を心につくっているとはかぎらない。つまり、ここにある「身を調ふ」というのは健康管理という意味ではなく、あくまで法真理に向かって心をつくるのが智者というプロである、という意味である。このようにブッダは旅の光景からさまざまなことをお伴の弟子たちに教えられている。

あるとき、道すがら蓮の根を洗って食べる象の様子が目に飛び込んできたことがあった。

龍象《よきぞう》は蓮根を抜き水に洗ひて之《これ》を食《くら》ふ　異族《ほか》の象彼れに効ふも泥を合せて取りて食ふ
泥を雑《まじ》へて食するに因るが故に羸《やせ》り病みて遂に死に至る
（『雑阿含経《ぞうあごんきょう》』）

これは貪欲な心を持っていた若い修行僧への教えであった。僧伽の規律として修行僧は托鉢に出るとき、一列になって順繰りに戸口に立つべきものと定められていたが、彼はそれを守ろうとはせず、たくさんもらえそうな家を狙って順番を乱した。いわゆる、目的のためには手段を選ばないやり方をした。ところが、だんだん体が瘦《や》せていき、日がくぼんで死相が出てきたというのである。

そこでブッダが説かれたのが、「頭のいい象は蓮根を抜いて食べるときに、泥がついているので洗って食べる。ところが他の象は泥を洗わず、そのまま食べるので病気にかかって死んでしまう」という教えであった。つまり、ブッダが教えようとされたのは欲望の制御である。

「ものが食べられなくて病気をするならともかく、食べ過ぎて病気になるというのはあり得ない。食べ物は度を過ぎたら毒が発生するようになっているのだ。動物でさえ蓮の根を上手に洗って食べているのに、そなたには自己を律する智慧がない」

うまいものを食べるのは悪いことではないが、最初は口が食べていても、いつの間にか目が食べるのである。お腹がいっぱいならば食べる必要はないのだが、貪欲な目は満腹の声を無視する。つまり、足るを知らない意識が心身の調和を乱すことを指摘されたのであった。

もう一つ、周囲の信頼が得られない弟子に対して教えられたエピソードもある。耆闍崛山《ぎじゃくっせん》から祇園《ぎおん》精舎に向かう途中、道に落ちていた木の皮を見て尋ねられた。

「そこに落ちているのは何か？」

弟子はそれを拾う。

「これはいい香りがしておりますから、香木を包んでいた皮のようです」

さらに進んで行くと、こんどは縄が落ちていた。

「あれは何の縄であるか？」

彼は鼻をつまんで答えた。

「生臭いので、おそらく魚をつないでいた縄でありましょう」

そこでブッダは弟子に語られた。

「誰でも香りのいいものを好み、臭いものを敬遠する。人間もひとたび悪い行いをすると、人はその者を信頼しなくなる。常に善い行いを心がけていればそれが良い徳の香りになる」

こうした教え方は我が子の羅睺羅《らごら》に対する指導と類似しているようである。彼は十二歳で沙弥《しゃみ》（少年僧）となり、二十歳になってから正式に受戒しているが、青年期はブッダの子どもという驕《おご》りがあったのか、いたずらを繰り返したという。

例えば、人びとからブッダの行方を尋ねられると、竹林精舎におられるときは耆闍崛山と答え、耆闍崛山におられるときは竹林精舎、と反対のことを言った。それを聞かれたブッダは托鉢から帰って来ると、彼に水桶《みずおけ》を持って来るよう告げ、足を洗ったのちに語られるのであった。

「羅睺羅よ、この水を飲んでみよ」

「飲めませぬ」

「なぜ飲めない？」

「汚い水だからです」

彼が答えると、ブッダはその水桶を蹴られた。水桶は転がりながら壊れてしまった。

「今のままであれば、そなたもこの水桶のようになるだろう」

ブッダの気持ちは、約八キロの距離の山道を往来しなければならない人びとの気持ちをなぜ羅睺羅がわからないのかという情けなさにあって、それをおもしろがる意識に問題点を置かれたのである。やがて彼は「密行《みつぎょう》第一」、つまり心の修行に努め、正しく実践する人物に成長したと伝えられているが、こういう教え方がブッダの智慧であった。こうして他力的に教えられたものは比丘たちにめざめをもたらした。

このめざめの結果が「阿羅漢」であった。阿羅漢とは、己の心の宇宙意識に到達した人びとのことである。ブッダの力には及ばなかったものの、過去、未来、人の心さえも把握し、慈悲と智慧の真理に近づいたのであった。

親《しん》を辞《じ》して出家し、
道を爲《な》すを名《なづ》けて沙門と曰《い》ふ。
常に二百五十戒を行《ぎょう》じ、四眞道《ししんどう》の行を爲《な》し、
進志清浄《しんししょうじょう》なれば阿羅漢を成《じょう》ず。
阿羅漢とは能《よ》く飛行變化《ひぎょうへんげ》し、
壽命に住《とどま》り、天地を動かす。

（『四十二章経《しじゅうにしょうきょう》』）

人間の救済という現場においては、愛であろうと慈悲であろうと、救うことに意味があるが、厳密に言うと、ブッダの慈悲はイエス・キリストの愛とはいささか異なるようである。苦の原因に踏み込んで業を断つのがブッダの教えであった。それによってブッダは光や雨が万物を育てるように仏弟子たちの生命と融合し、真理の世界に導かれた。私は、生かそうとする者と生きようとする者の間に流れる生命因果《いんが》の法として受け止めながら、ありがたく経典を読誦《どくじゅ》している。

一般的に言えば、難解な経典や真理などは必要なく、心が癒やされ、救われればそれでいいのかもしれない。あるいは、当時のバラモン教が祭式によって現世利益《げんぜりやく》を与えていたように、他力的、依存主義的な信仰の方がずっとわかりやすかったかもしれない。だが、現世利益で一時的に事なきを得ても、苦しみの根本である業を断滅しなければ何も変わらないのである。業に振り回されない涅槃寂静の境地。これは煩悩《ぼんのう》を離れ、苦しみを滅して、真理に達する「法《ほう》印《いん》」と呼ばれている。

欧州の仏教学者が言う「真理の王国の建設」にはキリスト教の世界のニュアンスが感じられるが、ブッダには神を前提とするのではなく、心を基本にした真理の王国のビジョンがあったことはまちがいないだろう。

ブッダの悟りは、菩提樹をはじめとする自然智《しぜんち》の観察から生まれ、自己の内観に向かい、生《しょう》老病死《ろうびょうし》を免れ得ない人間の苦を消滅に導くものであった。それは宇宙意識を取り戻すことで心の王国を完成させる真理であったと言える。

Ⅳ　王族の教化

マガダ国の頻婆沙羅王

これからブッダと三つの国の王のエピソードを紹介するが、その前に、もう一度、若き日のブッダの回想を思い出してみよう。

殺そうと争闘《そうとう》する人々を見よ。
武器を執《と》って打とうとしたことから恐怖《きょうふ》が生じたのである。
わたくしがぞっとしてそれを厭《いと》い離《はな》れたその衝撃《しょうげき》を宣《の》べよう。
水の少いところにいる魚のように、人々が慄《ふる》えているのを見て、
また人々が相互に抗争《こうそう》しているのを見て、
わたくしに恐怖が起った。
世界はどこも堅実《けんじつ》ではない。
どの方角でもすべて動揺《どうよう》している。
わたくしは自分のよるべき住所を求めたのであるが、
すでに〔死や苦しみなどに〕とりつかれていないところを見つけなかった。

（『スッタニパータ』）

殺傷の政治と決別するために出家されたブッダが、なぜ王族を教化《きょうげ》されたのか。それはおそらく、平和のためには王族の教化が不可欠だったからにちがいない。

少しさかのぼるが、悟りをひらいてから王舎城《おうしゃ》で布教を開始されたとき、城下の手前のラッティという林の中でマガダ国の大王・頻婆沙羅《びんばしゃら》王と再会されたことがあった。そのきっかけは弟子の優楼頻螺迦葉《うるびんらかしょう》が頻婆沙羅王にブッダへの帰依《きえ》を勧めたからであったが、もともと初めて王舎城に入った頃、頻婆沙羅王から見初《みそ》められ、白善山《びゃくぜんさん》の洞窟内で「あなたに精鋭の軍隊を与えよう」と、部下になるよう説得されたことがあった。

サキャ国の太子が出家を志して自分の国に入ったという情報を王は得ていて、政敵コーサラ国を打倒するために太子を利用し、サキャ国と同盟を結んで挟み撃ちにしようと考えていたのだろうが、太子からは拒否されてしまっていた。そこで王は「では、悟りをひらかれたら最初に余《よ》を救っていただきたい」との言葉を残して立ち去っていた。

「最初に余を救っていただきたい」――。

最強のマガダ国の王にして、どのような悩みを抱いていたのかはわからないが、人を殺傷することに深い罪悪感を覚えていたのかもしれないし、治世についての相談相手が欲しかったのかもしれない。また、神の意思に沿う転輪聖王《てんりんじょうおう》への道、マガダ国特有の社会風紀を改善したいという悩みもあったと思われる。

当時の風潮として、ほとんどの王はヴェーダ聖典を学んでいるが、マガダ国ではバラモン教の勢力が弱く、優楼頻螺迦葉から戦勝のための祭式を受ける程度であったので、おそらく満足できるものではなかったにちがいない。とにかく、ブッダは約束どおり、王のために法を説かれることになった。おそらく次のように教えられたはずである。

「いかにマガダ国が武力で他国を侵略しても、大衆を教育しなければ良い国にはならない。そのためには国王自らが真理を学び、徳政を敷かねばならない。あなたが聖王としての徳を身につければ人民が悪を行うこともない。他国を併合する方法は武力だけではない。マガダ国が精神的に豊かな国になれば、あなたの徳を慕って他国の人も集まって来る。人民の血を流すことなく領土は拡張されていくであろう」

マガダ国は経済的に発展はしていたが、精神的な面では他国より劣っていた。真理を学んだ王が治める国家こそがブッダにとって理想の国家であった。のちにブッダは、この頻婆沙羅王の子の阿闍世《あじゃせ》王がヴァッジ国を攻撃しようとしたとき、マガダ国の大臣に善政の基本となる「七不退《しちふたい》の法」というものを示しておられる。そこには倫理的な国家像として伝統を重んじ、長老を敬い、弱い婦女子を守る社会を重視されていることがわかる。

南伝、北伝の経典《きょうてん》群から政治に関する部分を調べてみると、「終末観」のような記述が散見できる。表現の仕方はちがうが、ブッダの言葉として散りばめられていることを考慮すると、ブッダは人間同士の闘争による地上壊滅を予見されていたのかもしれない。

例えば、『転輪聖王獅子《しし》吼《く》経《きょう》』という南伝の経典を見ると、人間同士が敵意や殺人者の心を持つようになり、家族にさえも痛烈な敵意、反感を抱く時代が来ること、そのとき真理を実践するものは軽蔑され、人を堕落させる職業のものが尊敬される風潮になり、終末を迎えることが記されている。

ラッティの林でブッダが説かれた国家樹立の法は、王にとっておそらく目から鱗《うろこ》が落ちるような話であったのだろう。結果的に、頻婆沙羅王は「この教えを措《お》いてまた依《よ》るところなし」と語り、それまでの気持ちを率直に語っている。それは自分が童子の頃から五つの願いを持っていたということであった。そして彼はそのことがすべて成就したと語っている。

第一に王位に就けたこと、第二に王位を得たら自分が生きている間に仏に巡り会うこと、第三に仏に巡り会ったら供養《くよう》をさせてもらうこと、第四には自分のために説法をしてもらうこと、第五にその説法を理解することであった。

頻婆沙羅王はブッダより五歳年下だったと伝えられているが、ブッダを「国師《こくし》」のような存在として招くことを決めたようである。これによって頻婆沙羅王が群臣や村長、家長にブッダの教えを聞くよう布告すると、マガダ国の人民もブッダに帰依するようになり、ブッダを受け入れるための「竹林精舎《ちくりんしょうじゃ》」、「霊鷲精舎《りょうじゅ》」をつくることになる。

ちなみに、この精舎はのちに「阿蘭若《あらんにゃ》」と呼ばれる。じつは、これが寺院の縁起《えんぎ》である。精舎は雨期のときだけ使用されるのが習慣であった。三カ月間の雨期のときは、種子や虫を踏みつぶさないよう、比丘《びく》たちの托鉢や外出が禁止されていた。この期間中は、比丘たちは精舎の中で瞑想《めいそう》をしたり、ブッダの教えを聞いたり、王族や庶民のために説かれる教化法を観察したりした。

竹林精舎のずっと上に耆闍崛山《ぎじゃくっせん》という山があり、「頻婆沙羅王の道」と呼ばれる山道が現在も残っている。道幅は三メートル。途中に「車止め」と伝えられている場所がある。王が話を聞くために通った道だったようである。この山道を登りつめた頂上には、鷲の形をした巨大な奇岩の山がある。耆闍崛山のことを霊鷲山と呼ぶのはここに由来している。

その鷲の岩をぐるりと登ると、正面の少し広い場所に香室《こうしつ》（ブッダの居室だった場所）がある。断崖絶壁の上に位置していて神聖な空気が漂っている。頻婆沙羅王はこの地でブッダの教えにゆっくり耳を傾けたようである。

コーサラ国の波斯匿王

サキャ国の宗主国《そうしゅこく》であったコーサラ国を治めていたのは波斯匿《はしのく》（パセーナディ）という王であった。その都城《とじょう》である舎衛城《しゃえいじょう》にブッダが足を踏み入れられたのは、須達多《すだった》（スダッタ）という長者が「祇園精舎《ぎおんしょうじゃ》」を寄進したからである。祇園精舎といえば、『平家物語』の冒頭に「祇園精舎の鐘の声、諸行無常の響きあり」とある。これは病気にかかった比丘たちを静養させるために、精舎の西北の隅につくられた無常院という建物から想像して詠まれているようである。須達多は精舎をつくる場所について祇陀《ぎだ》（ジェータ）太子が所有している園林を思いついたが、祇陀からはなかなか譲ってもらえなかった。そこには祇陀なりの理由があった。

波斯匿王には多くの妃がいて祇陀の母もその一人であったが、王はサキャ族出身のヴァーサバ・カッティヤーという夫人を寵愛《ちょうあい》し、その間には毘瑠璃《びるり》（ヴィドゥーダバ）という太子が生まれていた。祇陀にとって毘瑠璃太子は弟に当たるというのに、王はその毘瑠璃に王位を譲ろうと考えていた。父親から信頼されていない彼のやるせなさは、そのまま毘瑠璃の母の出身であるサキャ国への悪印象となっていたのかもしれない。

また、毘瑠璃とちがって温和な性格であったことが仏伝から読み取れるから、戦争談議の息苦しい王宮から離れた心やすらぐ場所は、この園林しかなかったのだろう。
仏伝には、「では、あの土地に黄金を敷き詰めよ。そうすれば売ってあげよう」と、祇陀が無理な注文をつけると、須達多は自分の蔵をすべて開け、親類に借金をしてまで黄金を敷きつめたと記されている。このエピソードがどこまで真実であるかはわからないが、祇陀としてはあきらめさせたかったのだろう。しかし、ブッダの人となりについて話を聞いた祇陀は、この要請を受け入れた。

こうして完成した精舎は祇陀と須達多の名を取って「祇樹《ぎじゅ》給孤独《ぎっこどく》園《おん》精舎」と名づけられた。「祇樹」とは祇陀が寄付した樹木、「給孤独」とは孤独な子どもや老人を救っていた須達多のことから命名されたものであると伝えられている。これを略して漢訳経典では「祇園精舎」と呼んでいるようである。

祇園精舎の完成の知らせを受けたブッダは、頻婆沙羅王にしばしの別れを告げられることになった。王はマガダ国の人民のためにずっと王舎城下に滞在してほしいと頼んだが、ブッダはコーサラ国の舎衛城での布教を決意された。超大国同士の戦争を食い止めるためにも、コーサラ国の王族の教化は不可欠であったのかもしれない。

こうしてブッダは祇園精舎での布教伝道に立ち上がられることになるが、舎衛城へ向かう旅の準備をしている比丘たちに釘を刺されたことが二つあった。

「途中でバラモン僧からいろいろな論争をもちかけられたり、挑発されたりしても短気を起こしてはならぬ。怒りに満ちている相手に勝ったとしても恨みしか残らぬ」

「我々が一団となって舎衛城へ向かうことはできない。托鉢によって食《じき》を乞わねばならないのだから、村びとたちに負担をかけることになる」

第一は宗教論争の歯止めであり、第二は布施をする村びとへの配慮である。仏教と布施の問題は一時期、日本で社会問題になったことがあった。今でこそ法外な戒名料や葬儀料が要求されることは少なくなったが、基本的にブッダはどう考えておられたか、エピソードを交えて紹介する。

蜜蜂《みつばち》の、華《はな》と色《いろ》と香《か》とを害《そこな》ふことなく、甘味《かんみ》のみを採《と》り去るが如《ごと》く、かく智者《ちしゃ》は村落に乞《こつ》食《じき》すべし。

（『ダンマパダ』）

蜜蜂は蜜を吸っても花びらまで損なうことはない。つまり村びとに負担を感じさせる乞食であってはならないと配慮されたのであった。ついでに布施に関するエピソードを『賢《けん》愚《ぐ》経《きょう》』の中から紹介する。

ある日、一人の貧しい女性が、ブッダが祇園精舎に滞在されていることを知り、ひと目だけでも会いたいと思って、やっとの思いで精舎に到着した。その日はちょうど雨安居《うあんご》が終わる百日説法の最後の日とあって、各地から多くの人びとがブッダの法話を傾聴するために集まっていた。

当時の習わしとして、ブッダの後ろには供養のための灯明が奉納されていて、大臣や長者たちの中には一人でたくさんの灯明を供養している人もいた。それを見た彼女は自分もせめて一灯だけでも捧げたいと思うのであったが、貧しいために油を買うお金がない。そこで彼女は街の人びとに恵みを乞うと、わずかな油を買い求め、自分の髪を編んで灯芯とし、ブッダに献じた。

彼女は献灯するにあたって、真心から願いをかけた。それは次に生まれ変わったときは一切衆生の心の闇を除く人間になりたいという誓願であった。ブッダの弟子の目連《もくれん》がその後、灯明を点検すると、他の者が献じた灯明は消えていたが、彼女が捧げた灯明だけは燃え続けていた。目連は衣の袖で扇《あお》ぎ消そうとしたが、不思議なことになかなか消えなかった。そのとき、ブッダはおっしゃるのであった。

「これは消えないのだ。なぜなら人を救おうとする誓願に施されたものだからだ」

裕福な者がたくさんの灯明を供えることはできるが、貧しい者はわずかな灯明しか供えられない。しかし、一灯であっても、それを献じる心に価値があることをブッダは言おうとされたようである。

コーサラ国・舎衛城の波斯匿王に対する教化がある。

彼が仏教に帰依するようになったのは晩年のことと伝えられている。ブッダとは同年齢であったと伝えられているが、王と王妃の末利《まり》（マッリカー）が「世界で一番大切なもの」について語り合ったときのエピソードがある。

「王妃よ、そなたは、そなた自身よりも愛しいと思うものがあるだろうか?」

「大王よ、わたくしには、この世に自分より愛しいと思われるものはございません。王さまにはご自分よりさらに愛しいと思われるものがございましょうか?」

「王妃よ、わたしにも自分よりさらに愛しいと思うものはない」

ブッダはその会話の一部始終にうなずきながら、次のように教えられたという。

「思《おもい》は総《すべ》ての方面に行けども　己《おのれ》より更《さら》にいとしきものに到るなし。
かく他の人々にも自身はいとし　故《ゆえ》に自愛《じあい》のために他を害する勿《なか》れ」

（『サンユッタ・ニカーヤ』）

人は自分以上に愛しいものはない。しかし、自分を愛するのは自分だけではなく、相手にも同じ気持ちがある。誰もが自分自身のことを愛しく思っているのだから、人を害してはならない、という教化であった。

これは極めて当然のことであるのだが、いざ実行するとなるとむずかしいのである。自我意識のために対立することがたくさんある。しかし、ブッダはあの菩提樹《ぼだいじゅ》の下での悟りのとき、「無我観《むがかん》」という眼を持たれた。この無我観は後世の大乗仏教により「空観《くうがん》」として教義の確立を見ることになる。

『般若心経《はんにゃしんぎょう》』に「色即是空《しきそくぜくう》」という一節がある。この後に「空即是色《くうそくぜしき》」と続くが、「色即是空」というのは、色を持つ形の奥には、目に見えない「空《くう》」が広がっているという考え方である。「空即是色」というのも、空が一切の形を生じているという意味である。人間は形にとらわれやすく、自分に固執するが、肉体という形は本質ではない、という見方がブッダにはあった。肉体ではなく意識生命体、社会をさまざまな意識レベルの集合体として考えられたのである。

つまり、自己という存在は意識の海としての「空の所産」ということになり、同時に他人も空の所産ということになる。少なくともブッダは、人間は「空」という海に共住する同胞のようなものであるという視点に立っておられた。

しかし、ブッダが波斯匿王に伝えたかったことは、単に人間関係にとどまらず、国家間の戦争をやめさせることであったにちがいない。自分の国を愛するならば他国の人も自分の国を愛しているのだから、武力で人民を殺傷することがあってはならないことを理解させたかったはずである。

このような考え方は、現代のような力の政治という現実の前には通じないだろうが、武力が武力の報復を招き、被支配者の怨念《おんねん》が消えないことは歴史が証明していることである。ブッダの願いは、自他平等という法に基づく堅実な世界の創造にあり、そこに王族階層の教化の狙いがあった、と私は考えている。

ちなみに、精舎の中でもっとも長く滞在されたのが祇園精舎であった。文献によると雨安居の総回数は三十六回と伝えられている。内訳を見ると舎衛城と祇園精舎で二十六回、王舎城と竹林精舎で五回、ヴァッジ国のヴェーサーリーの大林《だいりん》精舎で二回、ヴァンサ国のコーサンビーの美音《みおん》精舎で一回、カーシ国、サキャ国で各一回ずつ雨安居を過ごされた、と記録されている。

三十六回の中で、コーサラ国の精舎で二十六回を過ごされたというのは破格である。これはおそらく、将来において、サキャ国がコーサラ国によって殲滅《せんめつ》されることを予見した上で、両国の誼《よしみ》を深めることによって戦争を防ごうとされたからにちがいない。

サキャ国の浄飯王

浄飯王《じょうぼん》は太子が「成道《じょうどう》後の再会を待つのみであると伝えよ」と家臣に託しておきながら一向に迦毘羅《かびら》城に帰って来ないことに苛立《いらだ》っていた。そこで使者の大臣をブッダのもとに派遣する。

「世尊にはご壮健にあらせられ、恐悦至極《きょうえつしごく》に存じます。王は一刻も早く世尊に拝眉《はいび》なされたいご様子にございます。なにとぞ速やかにご帰国あそばされんことを……」

「わかった。遠からずして帰国することにしよう」

他の仏伝では、迦毘羅城に棲《す》んでいた神が帰郷を勧めたという記述も見られるが、それはともかく、使者が了承を取りつけてサキャ国に戻ると浄飯王は満足し、早速、宮殿楼閣《ろうかく》の修理にとりかかったという。やがてブッダは数人の弟子を従えて、故郷の土を踏まれることになる。それがいつのことであったかは諸説あるが、王宮を出て十二年目のことであった、と私は考えている。

サキャ国の人びとは、大国の王を帰信させているブッダのことを誇りに思い、里帰りを心待ちにしていたが、ブッダは直ちに迦毘羅城には入らず、弟子たちと王宮の手前の尼倶盧陀林《にぐろだりん》という森の中に入って行かれた。ブッダはマガダ国の王舎城に入るときも、いきなり城下には入らず、手前のラッティという森林に滞留《たいりゅう》されている。森林に勝る禅定《ぜんじょう》修行の場はなく、街にも近いので托鉢も可能であったからである。

だが、王はブッダが一向に王宮に姿を見せないことにやきもきして、乗り物を仕立てて自ら尼倶廬陀林へ向かった。浄飯王はすでに老いの身であったから、ブッダはいたわしく思い、まず自分の親不孝を詫びられたことだろう。

ところが、王はブッダの姿に愕然《がくぜん》とさせられた。バラモンの高僧のように華やかな錦に身を包んで帰国するであろうと信じていた期待は外れ、粉塵にまみれた裸足、粗末な法衣姿に大きな衝撃を受けた。

そこでブッダは質問されるのであった。

「ご覧どおりの姿、失望しておられませぬか?」

「うむ……」

「世尊と呼ばれているからには、華やかな出で立ちで帰国すると思《おぼ》し召《め》しのことだったでしょうが、ご期待を裏切ったようでございます」

「……仮にもそなたはかつて太子であったのだ……。恥ずかしいとは思われぬか?」

「誰に恥ずべきでありましょうか?」

「村びと、家臣すべてに対して、である」

「華美を離れ、質素に身を包む。これこそが世俗の欲望を捨てた者の姿にございます。わたしは決して恥ずかしいとは思っておりませぬ」

それでも王は外見を恥じて、一緒に乗り物で王宮に戻ろうと促したが、ブッダは弟子たちと徒歩で王宮に入ると断り、翌朝いつものように托鉢をしながら王宮へと進んで行かれた。

案の定、村びとの中には太子の姿にがっかりし、軽蔑した顔をする者もあり、王宮では親族や家臣たちからもいたわしい視線で迎えられた。摩訶波闍波提《まかはじゃはだい》はブッダに身につけてもらおうと、帰国の報に接して以来、紡いでいた美しい袈裟《けさ》を手渡したが、ブッダはそれを身につけることなく僧伽《そうぎゃ》に寄贈された。華やかな袈裟などブッダには不必要であった。

翌日、ブッダは王族や群臣に法を説かれることになった。仏伝では、ここでも「四諦《したい》の法」とか「十二因縁《いんねん》」などの悟りの内容を説かれたと伝えているが、そのような理屈を説かれたとは思われないので、ここは推測してみる。

「久しぶりの再会である。サキャ族の友に大きな失望を与えたことは詫びなければならない。だが、わたしはサキャ族の友に真理を伝えるために帰城した。王宮の優雅な生活の一方で外部には貧しい人びとがいる。同じ人間でありながら階層社会の現実に苦しんでいる人びとがいる。果たして人間の価値は生まれによって決まるのであろうか。財や地位は永遠のものではない。何を持っているかということではなく、どういう人間であるかということによって人の価値は決まるのである。

欲望のみを追い回す者は追っているのではなく、逆に翻弄《ほんろう》されているのである。彼らは永遠に欲望の虜《とりこ》なのである。たとえサキャ国が武力によって世界を支配したとしても、闘争によって平和は得られるものではない。武力は武力によって滅びゆく運命にある。同胞を思いやる心こそが平和をもたらすのである。

サキャ族の友よ、苦悩は自分自身の欲望がつくり出している。自分を救う者は自分自身以外にない。自己の利益のみを追求せず、貧しい者、弱き者を思いやる心を持て。その欲望からの解放が真理へと導く。サキャ族の友よ、謙虚であれ、親切であれ、誠実であれ、正直であれ、この真理にめざめるならば、あなた方は、一切の苦悩から離れ、死しても苦界に落ちず、輪廻《りんね》を離れ、安穏《あんのん》なる世界に住《じゅう》することができるであろう」

十二年ぶりの帰城は情緒的、感傷的なものではなく、サキャ族の高慢な民族的プライドを打ち砕くためであった。サキャ国の人びとの高慢な心を捨てさせ、真理の流れに導こうとされたのであった。

ところで、この法会《ほうえ》が開かれたときの耶輸陀羅《やしゅだら》のことが『根本説一切有部毘奈耶破僧事《こんぽんせついっさいうぶびなやはそうじ》』という仏伝に記されている。それによると、ブッダの教えを聞いたほとんどの者が「預流果《よるが》」に達したものの、彼女だけはその境地を得ることができなかったとされている。ささにも述べたように、預流果というのは「教えの流れに乗る」という意味である。だが、夫が悟りをひらいて世尊として慕われているとしても、十二年もの間、放置されていたことからすると、法話を素直に受け止められなかったのは当然のことだろう。

「根本説一切有部」というのは、ブッダ入滅後二百年ほどが過ぎた頃に出現した部派仏教の一派であるが、どうも彼女のことを好意的に見ていないようである。ブッダが個人的に彼女にどういう話をされたかも記していない。

彼女は気性が強い女性であったようである。正妃に選ばれて迦毘羅城に入ったときのエピソードによると、侍女から風習に従ってヴェールで顔を覆うよう促されたとき、「傷ひとつない顔をどうして隠さねばならないのか」と言い放ったという記述もある。それはチャンナが太子から託された髪飾りを渡したときの伝説からも想像はつく。

気が強くヒステリックな一面のみが強調されているが、それは正直で、正義感から起こる強さであったにちがいない。ブッダも同じように考えておられたからこそ、羅睺羅《らごら》のことを託すことができたと思われる。

少したったある日のことである。彼女が羅睺羅と王宮の高楼《こうろう》に上ったとき、眼下に道を歩くブッダ一行の姿が目に飛び込んできた。一行の姿を眺めていた彼女がはらはらと涙をこぼす様子を見て、羅睺羅が尋ねた。

「なぜ泣いておられるのですか?」

「あれをご覧なさい。沙門《しゃもん》のみなさまの中で先頭にいらっしゃる大沙門。じつはあのお方こそが、そなたのお父上なのです……」

羅睺羅は不思議そうに尋ねた。

「わたしの父上は浄飯王ではありませぬか?」

「いいえ、そなたの父はあのお方なのです。父上の財産をお求めなさい……」

しばらくして羅睺羅は食事を取っておられたブッダのもとに走り寄る。

「父上、わたしに財産をください」

「……そうか。では後であげよう」

そしてブッダが尼倶盧陀林に戻られるとき、羅睺羅は後を追って来た。その羅睺羅に向かってブッダは次のように語られるのであった。

「羅睺羅よ、じつはわたしには財産など一つもないのだ。あげられるものといえば心の宝以外に何もない。もしそれが欲しいと思うならそなたも出家した方がいい」

そして羅睺羅はブッダの言葉に従うのであった。

一方の浄飯王は孫の姿が見えないのを心配して家臣に行方を捜させたところ、羅睺羅が髪を剃り、衣を着けているという報告を受けた。そこで浄飯王は尼倶廬陀林へ出向き、すぐに王宮へ戻るよう促したが、羅睺羅は帰ろうとしなかった。

王はそんな羅睺羅に根負けして出家を許さざるを得なくなってしまったが、そのことが契機となり、未成年者は親の許可なくして出家できないようになったという。だが、私が不可解に思うのは、王が王族の各家から一人ずつ出家することを勧めている点である。

仏伝には、ブッダが初めて王宮に戻られた折、一族の男女合わせて四十一名、あるいは五百名を出家させられたとしている仏伝もある。主だった名前を見ると、難陀《なんだ》、阿難《あなん》、阿那律《あなりつ》（アヌルッダ）、跋提梨迦《ばつだいりか》（バッディヤ）、劫賓那《こうひんな》（カッピナ）、提婆達多《だいばだった》などブッダの従弟、つまり王族出身の貴公子たちが大勢見られる。

阿那律は斛飯《こくぼん》王の子、跋提梨迦は甘露飯王の子あるいは白飯《はくぼん》王の子であったとされ、阿難と提婆達多は白飯王の子あるいは甘露飯王の子という説もあって正確な系譜はわかっていないが、いずれにしてもほとんどが王族出身であるから、将来のサキャ国を担うべき若者たちである。このような多くの人びとが出家するとサキャ国の前途は危うくなる。浄飯王はいったい何を考えていたのだろうか。

人間の解放

若者の中の一人の難陀という人物に出家を勧められたときのエピソードがある。難陀は浄飯王と摩訶波闍波提夫人の間に生まれた子であったが、孫陀羅《そんだら》という女性との結婚を間近に控えていた。その彼に対して次のように語られている。

「難陀よ。そなたのこれからの暮らしはつかの間の楽しみにしかすぎない。だが、出家は永遠の幸福を与えるものである。わが弟子となって真の解脱《げだつ》を求めてはみないか」

孫陀羅姫や浄飯王がその言葉にどう反応したかはわからないが、結果的に彼は国も親も孫陀羅も捨てて出家することになる。浄飯王の崩御後のサキャ国はブッダの従弟の摩訶男《まかなん》（マハーナーマ）という人物が継承することになる。

この「出家は永遠の幸福を与えるものである」という言葉。そこからはブッダの考え方が伝わってくる。ブッダの幸福観は世俗的な常識を超えるものであり、ある意味でそれは国を守る以上に大切なものであった。次のような記述がある。

交わりをしたならば愛情が生ずる。愛情にしたがってこの苦しみが起《おこ》る。愛情から禍《わざわ》いの生ずることを観察して、犀《さい》の角《つの》のようにただ独り歩め。

（『スッタニパータ』）

子や妻に対する愛著《あいぢゃく》は、たしかに枝の広く茂った竹が互いに相絡《あいから》むようなものである。筍《たけのこ》が他のものにまつわりつくことのないように、犀の角のようにただ独り歩め。

（『同　前』）

仲間の中におれば、休むにも、立つにも、行くにも、旅するにも、つねにひとに呼びかけられる。他人に従属《じゅうぞく》しない独立自由をめざして、犀の角のようにただ独り歩め。

（『同　前』）

実に欲望は色とりどりで甘美であり、心に楽しく、種々のかたちで、心を攪乱《かくらん》する。欲望の対象にはこの患《うれ》いのあることを見て、犀の角のようにただ独り歩め。

（『同　前』）

犀の角のようにただ独り歩め——。これは犀が自由自在に草原を歩むように、俗世を離れて静かに真理を求めるということを意味している。一般的に出家というと制約される感じがあるが、ブッダは逆にそれを「解放」と見なしておられたようである。永遠の幸福をもたらす世界への解放、ということになる。

解放といえば、シュードラ階層の優婆離《うばり》についてのエピソードがある。これは家柄や身分という価値観からの解放であった。それまでの彼はブッダがまだ太子であった頃の執事とか、阿那律という王子に仕える奴隷であったとか伝えられているが、人びとからは「賤族《せんぞく》の優婆離」と呼ばれていた。

彼はブッダが王宮に戻られて以来、出家の願望を募らせていたが、最下層のシュードラが出家することはバラモン教などではタブー視されていて、ましてや出家希望者が王族出身ばかりなので叶わない夢とあきらめていた。だが、いよいよブッダがサキャ国に別れを告げてマガダ国の王舎城へ戻られるとき、舎利弗《しゃりほつ》から言葉をかけてもらった。

「優婆離よ、卑賤の身であっても遠慮するにはおよばぬ。そなたが出家を望むならば、わたしから世尊にお願いしてあげよう」

彼の気持ちを見抜いていた舎利弗は、王舎城へ帰る途中のアヌピヤー村で約束どおりブッダに引き合わせてあげた。そのときブッダは次のように語られた。

「そなたの心はけっして卑賤ではない。わが法の中に身分の差別はない。そなたの出家を聞きとどけてあげよう。今より持戒清浄《じかいしょうじょう》の身となり、苦悩の海を渡れよ」

こうしてブッダは彼の出家を許されたのであった。

ところが、これに驚いたのはブッダ一行を追いかけて来たサキャ国の王子たちであった。卑賤な彼が僧形《そうぎょう》になっているのを見て不愉快に思うのであった。しかも優婆離の方が先に出家したのだから自分たちは後輩ということになる。後輩は先輩を敬わなければならなかった。しかし、ブッダはそんな彼らをたしなめられるのであった。

生まれを問うことなかれ。行いを問え。火は実にあらゆる薪《まき》から生ずる。賤《いや》しい家に生まれた人でも、聖者として道心堅固《どうしんけんご》であり、恥を知って慎《つつ》しむならば、高貴の人となる。

（『スッタニパータ』）

身を稟《う》けた生きものの間ではそれぞれ区別があるが、人間のあいだではこの区別は存在しない。人間のあいだで区別表示が説かれるのは、ただ名称によるのみ。

（『同　前』）

ブッダは、家柄や身分によって生を脅《おびや》かされることなどあってはならないという考え方を持っておられた。家柄や身分などの肩書きは人間が勝手につくりあげた観念にすぎないというのに、なぜサキャ族は高慢なのか。その観念の麻痺《まひ》を根治させたかったのだろう。

王子たちにすれば不服のはずであった。先輩に対しては敬意を込めて礼拝しなければならないという律が僧伽にあったから、優婆離に頭を下げることへの抵抗感はすこぶる強かったはずである。

彼らがどういう態度をとるか、ブッダは見ておられた。だが、彼らは優婆離の足もとに額ずいて礼拝した。

「よくぞ、そなたたちはサキャ族の高慢さを打ち破った」

そのとき、ブッダが彼らに感心されたことを仏伝は紹介している。

つまり、ブッダの考え方は、「何を持っているか」ということではなく「どういう人間であるのか」という人間観にあったのである。『サンユッタ・ニカーヤ』に「乞食《こつじき》」という節がある。

ここには比丘たちの修行の目的が明確に記されている。出家行乞《ぎょうこつ》が人間生活の中でも最低であること、しかし、財や地位ある者も等しく、生《しょう》・老《ろう》・病《びょう》・死《し》・憂《う》・悲《ひ》・苦《く》・悩《のう》の苦に沈淪《ちんりん》していること、むしろ五官が踊らされない出家にこそ、その苦の集積を滅し尽くす可能性があることが述べられている。

家の中に物が多すぎると目は物に奪われる。財が多いと惜しむ心が起こる。地位があれば、それを守ろうとする気持ちが強くなる。物も財も地位も捨てていくと最後は心しか残らない。俗欲《ぞくよく》の楽しみには真の喜びはないと考えられていたブッダは、したがって一切の財物から解放される修行に喜びを感じておられたのである。

もう一つ、幾年か過ぎて浄飯王の訃報に接したブッダ一行が迦毘羅城に入られたときのエピソードがある。事実かどうか定かではないが、ブッダは世界の歴史の中で最初に女性を出家させられたといわれているから一応紹介しておこう。

葬儀を済ませて帰る途中、尼倶盧陀林に滞在されていたとき、摩訶波闍波提夫人がサキャ族の女性たち五百人を率いてブッダのもとを訪ねて来るという出来事があった。そこには、あの耶輸陀羅もいた。『根本説一切有部毘奈耶破僧事』には、耶輸陀羅がブッダを還俗《げんぞく》させようと甘いお菓子で誘惑しようとしたが失敗し、絶望感に襲われて高楼に上って身を投げたと記されている。だが、ブッダから受け止められ一命をとりとめた。そして、ブッダは彼女を輪廻の険道から救おうと教化されたことになっている。

それはともかく、彼女たちが頭を下げて出家を懇願したとき、ブッダは彼女たちを次のように諭されたという。

「たしかに求道の喜びは世俗の喜びに勝る。しかし、出家には世間の困難を耐え忍ぶ苦しみより数倍も勝る精神的、肉体的苦痛を伴う。修行はそれを超えていかねばならない。出家を安易に考えてはならぬ」

どうしても承知してもらえなかったので、彼女たちは仕方なくいったんは迦毘羅城へ戻った。しかし、あきらめきれず、こんどは安易な気持ちからではないことを証明するために髪を剃り、衣をまとってやって来た。雨が降りしきる中、彼女たちは疲れ切った全身を泥まみれにしながら大林精舎の門外で泣いていた。その様子を哀れに思った阿難はブッダに一つの質問を試みる。

「世尊よ、もし仮に女人が出家した場合、男と同じような修行の効果をあげ、悟りの境地に達することができるでありましょうか？」

「それはできるはずである」

「世尊よ、摩訶波闍波提夫人はかつて世尊が太子でおわしました頃から、世尊の亡き母上・摩耶《まや》夫人に代わって世尊をお育てになられたお方でございます。また、世尊の一日も早い成道を念じられ、世尊ご帰郷の折には広く王宮の人びとに教えを乞うことを勧められました。さらに耶輸陀羅さまも世尊が苦行《くぎょう》をなさっておられる間、王宮にて我が子と苦しみをともにしておいでになったお方でございます。これほどまでに出家を願っておいでになる方々であれば、信念の強さは申し上げるまでもございませぬ。出家の願いを叶えてあげてはいただけませぬか」

「阿難よ。女人は出家生活には耐えられぬ。一時の同情で出家の門戸を開けば、あとに多くの女人が仏門に入ることを乞うかもしれぬ。男女がともに居住するとなると誤解を招くこともあれば、僧伽が乱れる恐れもある。もし、男性のみが出家すれば正法《しょうほう》は一千年の間続くが、女性を出家させると五百年しか続かない」

そこで阿難は平等論を持ち出して進言したという。

「お言葉はごもっともに存じますが、世尊は常日頃から人間の平等を説いておられます。老若男女すべて平等であるからには、女人にも出家の道が開かれなければなりませぬ」

「そなたが言うとおりである。老若男女すべて平等であるからには、女人にも出家の道が開かれなければならぬ。だが、修行に耐えられるかどうかまで考えなければならぬ。一時の同情だけでは将来に禍根《かこん》を残すことになろう」

だがブッダが、僧伽の比丘たちが認めるのであればそれに自分も従うと伝えられた結果、厳格な戒律を付与することを条件に、女性にも出家の門戸を開く決定を僧伽は下した。

やがて、その報を受けたコーサラ国・舎衛城の波斯匿王は彼女たちのために「王園《おうえん》精舎」と呼ばれる精舎を建立《こんりゅう》し、これを取り締まる筆頭として摩訶波闍波提が任じられた。彼女の別名である「憍曇弥《きょうどんみ》」には「尼衆主《にしゅうしゅ》」という意味がある。比丘尼衆をまとめるのが彼女の役割となった、と仏伝には記されている。

文献を見ると、あらゆる階層の女性が出家していることがわかる。マガダ国の頻婆沙羅王の美しい妃、高い身分の家に生まれた娘、莫大な財産を捨てて尼となった婦人、一族が滅んで一人取り残された貧しい寡婦《かふ》、傘をつくる職人の妻や水汲み女、寒さや暑さに苦しみながら乞食《こじき》をしていた婦人、遊女、シュードラ階層の女性も出家している。

これからすると、ブッダが女性の出家に難色を示されたという記述は、ある種の作為性をもって後世においてつくられたものではないだろうか。経典がつくられる頃の僧伽では、尼僧の教団を足手まといのように感じていたようであるから、女性の出家をブッダに進言した阿難に対する反発から、尼僧を出家させることはブッダの真意ではなかったという伝説が成立したのではないだろうか。

むろん、ブッダが女性の出家生活を心配されたことはあったはずである。常に精舎での生活が保障されているならまだしも、雨期が過ぎれば遍歴修行がはじまる。旅をすれば身の危険もあったはずである。それでも出家を許されたのは、人間の平等という観点からの決断であったと思われる。

ところで、ブッダは女性に何を説かれたのだろうか。ブッダ自らが法を説かれることもあっただろうが、尼僧教団は僧伽の管理下にあったので、通常は僧伽の男性僧の誰かが代表して法を伝えたようである。

『法華経《ほけきょう》』の中には、文殊師利菩薩《もんじゅしり》が海中において龍女《りゅうにょ》を成仏《じょうぶつ》せしめたという「女人成仏《にょにん》」の一節がある。文殊師利なる人物も龍女も、実在した弟子ではないが、文殊が降魔《こうま》の剣を持って獅子《しし》にまたがっていることからして苦の魔を斬る象徴、龍女は揺らぎやすい女性の心を仮託《かたく》しているように考えられる。

この場合の「海」とは「意識の深層」のことではないか、と私は考える。意識は五官で感受したものをまとめ、知覚した外部の出来事を心の深層に蓄積し、そこから反応を起こす。つまり前世から蓄積された業の海である。

心の動きは男女とも変わりはないが、男性と女性の特性というものはある。一般的に女性は感情や情緒、直感で物事を判断する性質が強い。それは感受性という側面からすると男性よりも優れた能力として発揮される。現代が女性の力によって快適な社会になったことはすばらしいことである。しかし、繊細であるだけに不安定な精神状態に落ち込み、苦しむことが少なくない。

ブッダの頃の女性は虐《しいた》げられていた。

舎利弗はバラモン教の影響を受けて「女人《にょにん》の身《み》には猶《な》ほ五障あり。（略）云何《いかん》ぞ女身速《すみや》かに成仏することを得ん」と、蔑《さげす》むような言葉を述べている。だが、文殊師利菩薩は龍女の心の「海」に踏み込んで虚空《こくう》に導き、それによって龍女は成仏している。

『法華経』は、業が意識の深層という「海」に蓄積され、苦をもたらすという考え方に立っているようである。そこで文殊は仏の使者として罪業《ざいごう》の因縁から解放して成仏に導いたということになる。

その結果、龍女は成仏した。そのとき、「汝《なんじ》が神力《じんりき》を以《もっ》て我が成仏を観《み》よ」と、舎利弗に胸のすくような言葉を述べている。つまり、この「龍女成仏」の節は、ブッダが女性教化の理想を象徴されたものである、と私は考えている。

ところで、その『法華経』では、ブッダが摩訶波闍波提に、一切衆生から喜んで信奉される如来になるという「一切衆生喜見如来《いっさいしゅじょうきけんにょらい》」、耶輸陀羅に対しては、虚空に住して無数の光を放つという意味での「具足千万光相如来《ぐそくせんまんこうそうにょらい》」という成仏の授記《じゅき》を与えられている。授記というのは「成仏する保証」のことである。これからは『法華経』が「女人成仏」の教えであることを強調しようとしていることが理解されるが、それは女性解放というよりも、煩悩《ぼんのう》の魔手からの解放ということになる。

ここで龍女は、罪福《ざいふく》というものの本質を悟られたブッダを称賛しつつ、「又《また》聞いて菩提《ぼだい》を成《じょう》ずること、唯仏《ただほとけ》のみ當《まさ》に証知《しょうち》したまふべし」と、舎利弗に語っている。ことさらに樹下に坐って真理を追究しなくても、法を聞くことによって懺悔《ざんげ》をすれば、宇宙意識の虚空に達して成仏できるということである。この記述からは経典著作者が、性別を超えた根源的な魂という部分で人間を見ておられたブッダへの傾倒心を持っていたことがわかる。

ちなみに摩訶波闍波提はブッダより後に死ぬことを嫌い、熱心に修行してブッダが入滅される三カ月前にヴェーサーリーという場所で亡くなり、耶輸陀羅も平安な境地を養って尼僧の模範とまで言われるようになってから、ブッダに先立って亡くなったと伝えられている。

世界の宗教の中で最初に尼僧の教団が設立されたことは、ブッダの普遍的宗教の理想を実現するものである。シュードラや女性などの弱者を出家させるという行為は当時の社会秩序を崩壊させるものでもあったが、ブッダは人間の平等という視点で一切を解放し、真理の王国を地上に建設しようとされた。この真理は心を起点とするものであった。

人間は幸福を求める一方で業という矛盾をはらんでいる。家庭内の問題も、人間関係の問題も、広くは世界の悲惨な事態も、業の暴走から起こっている結果である。その業から離れるためには、自我意識を反省する習慣を養う以外にはない。

有限な人間が無限の広がりを持つ真理の空間に参入していくとき、業の鎖から解放され、一切の価値観が変わる。こうしてブッダはすべての人を真理の大河に入れようとされたのである。

V　受難と贖罪

僧伽の危機

ブッダは世俗に下るとき、「わたしは信念を持って法を説く」と語られた。だが、順風満帆のときの信念は簡単に貫くことができるが、それが本物かどうかは困難に直面した場合に計られる。

いよいよバラモン教徒がブッダの前に立ちはだかるようになった。各国の王族が挙《こぞ》ってブッダに帰依《きえ》し、城民にブッダの教えを聞くよう布告すると、バラモン神官たちが冷や飯を食わされることになったからである。迫害はコーサラ国などのバラモン信仰の国々に顕著であった。王族にしてみれば、伝統にあぐらをかき、奢侈《しゃし》に流れるバラモン神官たちへの不信もあったのだろうが、バラモンにしてみればブッダへの妬《ねた》みだったのかもしれない。

ブッダは神を批判したり、バラモン教の悪口を言ったりされることは一切なかった。ブッダが悟りをひらかれた直後、あるバラモンから「真のバラモンとは何か?」ということについて質問を受けたとき、次のように答えられている。

若《も》し婆羅門《ばらもん》にして悪法《あくほう》を除き

傲慢《ごうまん》なく汚濁《おだく》なく自ら制御《せいぎょ》し
吠陀《ヴェーダ》に通じ梵行《ぼんぎょう》を成《じょう》ぜば
自ら婆羅門なりと称《しょう》するを得ん
彼の如《ごと》きは世間に多からず

（『ヴィナヤ・マハーヴァッガ』）

ブッダはヴェーダを否定されてはいない。バラモン教も、それを説くバラモン神官のことも否定されてはいない。あるバラモン僧が華やかな衣装をまとい、金の柄のパラソルを持ち、白い馬車に乗って、祇園精舎《ぎおんしょうじゃ》で説法されるブッダの偵察にやって来たときも、神の言葉を伝える者としてのありようを教えられている。

しかし、身内のバラモン僧がブッダの弟子へと転向していくようになると、バラモン教徒にとってブッダはますます邪魔な存在となり、狡猾《こうかつ》な罠が仕掛けられるようになっていった。バラモンたちが女性を使って策略を仕掛けたエピソードがある。まず、彼らは美貌の持ち主のチンチャーという女性を動かした。

「よろしゅうございます。そんなことはたやすいことです。どうぞご心配なく」

そう答えると、彼女は朝早く雨安居《うあんご》の祇園精舎に出かけ、人びとがブッダに朝の挨拶をするために精舎に向かっているとき、その場所から朝帰りをしているように装った。

そして、しばらくしてから彼女は次のように言いふらした。

「世尊は時々わたくしを精舎の香室《こうしつ》に呼ばれる」

そして、雨安居の説法が終わる百日目、たくさんの僧俗《そうぞく》が集まってブッダの説法を聞いているとき、急に立ち上がると大声で叫んだ。

「ちょっと待ってください！」

その大声に驚く一座の大衆の視線をものともせず、彼女はまことしやかに言い放つ。

「人に教える前に、わたくしのお腹の子のことが先でございましょう。遊ぶだけ遊んでお腹の子の面倒は全然見ない。それが慈悲者のすることでございますか！」

腹を突き出して語る彼女に、ブッダは泰然自若《たいぜんじじゃく》として言われた。

「そこなる女人よ、そなたの言うことが事実かどうかは、わたしとそなただけが知っていることだ」

「そのとおり。二人だけの秘密だからこんなことになったのです」

法会《ほうえ》に集まっていた人びとはあっけにとられて、彼女とブッダを交互に見つめていたが、そこへ一陣の風が吹いてきて、彼女の服がめくられると円い木の板を抱いていたことが露見した、と伝えられている。

さらに、残虐な罠もあった。

「僧伽《そうぎゃ》の比丘《びく》たちがバラモン信者の女性を殺して精舎の溝坑《みぞあな》に埋めるのを見ました」

ある男のでたらめを真に受けた波斯匿王《はしのく》は、直ちに臣下に命じて調査させることにした。命令を受けた家臣がそこから死体を引き上げると、それはスンダリーという女性であった。

市井《しせい》の人びとはこれを仏教僧の事件であろうと思い込み、街で托鉢をする僧伽の比丘たちにも罵声《ばせい》を浴びせるようになったが、その後、バラモン教徒たちの策略であったことが判明したという。

こうした罠は王舎城《おうしゃ》や舎衛城《しゃえい》だけではなく各地で仕掛けられたようである。例えばブッダがヴァンサ国のコーサンビーという場所で布教をされたとき、その街全体が不穏な空気に包まれていたことがあったらしい。阿難《あなん》が理由を調べてみると、以前ブッダに注意された女性が逆恨みをして、街の人びとを扇動していたことがわかった。人びとは盛んにブッダを批判しはじめ、比丘たちもその誹謗中傷《ひぼうちゅうしょう》を受けていたので、たまりかねて阿難は進言した。

「世尊よ、とてもこの街では教えを広めることはできませぬ。別の場所へまいりましょう」

「では、その別の街の人びとから罵《のの》られたらどうするつもりか？」

「もしそうなったら、別の街へ……」

「では、その街で人びとから罵られたら、どうする？」

「もしそうなったら、また別の街へ行くしか仕方ございませぬ……」

それを聞いてブッダは教えられた。

「阿難よ。妬みから起こる誹謗中傷というものはどこに行ってもある。それが社会というものである。逃げてはならぬ」

その結果、街の声もしだいに収まりを見せたという。

そのように腹が据わったブッダのことを、泥水にあって濁りに染まらず咲く蓮華の姿に喩《たと》えて讃えた仏弟子の言葉がある。


猶《な》ほ白蓮花の水に生じ水に長養《ちょうよう》し、泥水も著《ぢゃく》する能《あた》はず、妙香《みょうこう》・愛楽《あいらく》の色あるが如《ごと》く是《かく》の如く最上《さいじょう》の覺《さとり》は世に生じて世間《せけん》を行き、欲の為に染められざること華《はな》の水に著せざるが如し。

（『中阿含経《ちゅうあごんきょう》』）


仏弟子たちは俗世を泥水の池のように考えていた。

現代社会にも妬みや偽善はある。これは泥水のようなものである。人間の集まるところ澄んでいる場所などどこにもない。人間の邪悪を断ち切ることは至難の業である。正義感に富むブッダにとっては苦しい日々であったにちがいない。そこでブッダは対処法を考えられたようである。

中国撰述部の「論」の中に「已《すで》に菩提《ぼだい》を得《え》て、捨《す》てて証《さと》らず」という言葉がある。これは後世の仏弟子がブッダの布教の様子について述べたものである。ブッダは高尚な悟りをひらかれたが、それをいったん捨てられたという意味である。私も同様に考えている。森の中でひらいた悟りが、そのまま街の人びとに通じるとはかぎらない。

ブッダは濁りに染まられることはなかった。愚痴《ぐち》や怒りに埋没せず、信念を貫徹する姿を「妙法蓮華《みょうほうれんげ》」と教えられているように、ブッダは俗世の汚れの中に浸りながらも仏としての人《にん》華《げ》を咲かされたのであった。

それにしても幼少期、羽毛にくるまれるようにして育てられたブッダが、バラモンの策略に動じられなかったのは驚くべきことである。その信念と勇気は禅定行《ぜんじょうぎょう》がもたらしたものであった。小木は風に揺らぐが、大木はまったく動じない。その境地は禅定行の功徳《くどく》によるものであった、と思われる。

しかし、僧伽内部に危機が訪れた。俗に「釈迦《しゃか》と提婆《だいば》」と言われるが、身内の提婆達多《だった》がブッダに反旗を翻《ひるがえ》す事件を起こした、と仏伝は伝えている。これは南方の仏伝、北方の仏伝にもあるからまちがいないであろう。

提婆達多はサキャ国の王子たちと一緒に出家した人物である。いろいろな説があってブッダとの関係はよくわかっておらず、従弟というのが通説になっているが、彼の反逆は僧伽に大きなダメージを与えることになった。

これから述べることが歴史的な事実であったかどうかはわからないのだが、南方の仏伝である『ヴィナヤ・チュラヴァッガ』の「破僧犍度《はそうけんど》」に基づいて、「僧伽乗っ取り未遂事件」なるものを紹介する。

もともと提婆達多は阿闍世《あじゃせ》太子に近づいていた。ブッダがヴァンサ国の都城《とじょう》・コーサンビーから王舎城に戻って来られたとき、比丘らがブッダのもとにやって来て、「提婆達多が阿闍世太子から多大の供養を受けている」と告げた。

そのとき、ブッダは予言されたという。

「提婆達多が得た栄誉は、提婆自身の身を滅ぼすことになるであろう」

そのうち提婆達多はブッダに進言した。

「世尊はもう年老いてこられましたので、僧伽を導くことはご苦労のことと思われます。そろそろ僧伽のことはわたしにお任せ願えませぬか。世尊はただ禅定だけをお楽しみください」

しかし、ブッダはこれを拒絶される。

「提婆よ。舎利弗《しゃりほつ》にも目連《もくれん》にも委ねないというのに、名利《みょうり》のために他人の唾《つば》を食っているような卑《いや》しき者に、どうしてこの僧伽を委ねることができよう」

「他人の唾を食う」というのは、提婆達多が阿闍世太子をたぶらかして歓心を買っていたことを意味していた。ブッダはかねてから自分の欲のために他人に媚《こ》びへつらう、「諂《てん》」というものを非常に嫌われていたが、提婆達多は「唾を食う卑しき者」という言葉に、大衆の面前で恥をかかされたと恨みに思った。北伝の『五分律』には、舎利弗、目連のみを可愛がって自分は好まれていないと嫉妬《しっと》を生じた、とも記されている。

そこで、提婆達多は「羯磨《こんま》」（僧伽の議事）にかけられることになった。ブッダはそれを舎利弗に委任された。舎利弗が僧伽の意見をまとめようとすると、比丘らは舎利弗側に付く者と提婆達多側に付く者に分かれた。ブッダは説かれた。

「提婆達多の以前の本性と今の本性は異なる。提婆達多が身・語によって為すところのものは仏・法・僧と見られるべきではない、提婆達多が自身によって為したものと見られるべきである」

その頃、提婆達多は阿闍世太子に頻婆沙羅王《びんばしゃらおう》を排除して新王になることを勧めていた。僧伽を我が物にするためには頻婆沙羅王を抱き込むことが早道であったが、王は熱心なブッダ信奉者であったので、十六歳の若き太子の阿闍世を味方に誘い込む以外にはなかったのだろう。そして阿闍世は提婆の術中にはまってしまい、頻婆沙羅王を殺害しようとした。だが、これに失敗したものの、父王から許されて王位を受け継いだ。

そうした折、提婆達多は次のような五つの新しい律を設けることを、ブッダに提言した。

一、修行僧は林中に住み、城の周辺には住まないこと。
二、修行僧は家々に食《じき》を乞うたり、家の中で招待の供養《くよう》を受けたりしないこと。
三、修行僧は終生、粗末な衣をつけること。
四、修行僧は樹下に坐して瞑想《めいそう》をすべきで、屋内での瞑想は慎《つつし》むこと。
五、修行僧は魚、肉を食さないこと。

彼はこの五つを犯したら僧伽としては規律違反とすべきであると進言した。僧伽の風紀が緩んでいると見て改善を求めたのであった。これに対してブッダは次のように答えられた。

「それを守ろうとする者がいるならば妨げはしないが、幼い者や体が弱い者はこれを守ることはできない。衣食住に関してはその土地の風習に従えばいい。それに執着したり、溺《おぼ》れたりしないかぎり自由であらねばならぬ。外から厳しく律すればいいというものではない」

しかし、提婆達多はあくまで自分の主張を曲げず、なおかつ自分の考えを認めてもらえないことに不満をかこち、そこから提婆達多の反逆がはじまった。刺客を放ってブッダを亡き者にしようとしたり、霊鷲山《りょうじゅせん》の上から大石を落としたり、酔象を城下に放ち托鉢中のブッダを殺そうとしたりした。だが、ことごとく失敗したので、提婆達多は仲間を連れて伽耶山《がやざん》に籠《こ》もった。するとと、新参の比丘五百人が提婆達多のもとへ通いはじめるようになった。

舎利弗と目連ははたと困った。このままにしておくと、僧伽は崩壊してしまう。そこでブッダは彼らを救い出すよう、舎利弗と目連に指示された。二人は伽耶山に出向くと、提婆の隙を突いて五百人の比丘を取り戻して僧伽に帰って来た。南方の仏伝は提婆達多の反逆を以上のように伝えている。

王舎城の悲劇

一方の北伝の仏伝は提婆達多が「王舎城の悲劇」と呼ばれる事件を引き起こしたと伝えている。まず、提婆は阿闍世太子を利用するのに都合のよい情報を入手していたという。これは生まれたばかりの阿闍世太子を親である頻婆沙羅王と韋提希《いだいけ》（ヴァイデーヒー）夫人が殺そうとしたという情報であった。まだ阿闍世が生まれていなかった頃にさかのぼるが、その動機には二種類のエピソードが伝えられている。

ずっと昔、頻婆沙羅王が鹿狩りに出かけた折、一頭も狩ることができなかったときに仙人に出会った。王はその仙人が鹿を追い払ったと思い込んで臣下に殺させるが、死ぬまぎわに仙人が、「次に生まれ変わったら頻婆沙羅王を殺す」と言って死んだ、という大乗経典《きょうてん》の『涅槃《ねはん》経《きょう》』に記されたエピソードである。

もう一つは、韋提希夫人に世継ぎがなかった頃、「王舎城の山中に住む仙人が三年後に死んでから、太子として夫人に身ごもって生まれ出る」という占い師の言葉を受けた頻婆沙羅王が、その三年を待ちきれずに仙人を殺すとき、その仙人が死ぬまぎわに「太子に生まれ変わって王を殺す」と言い残した、という中国の善導《ぜんどう》という僧が記した『観無量寿経疏《かんむりょうじゅきょうしょ》』に記されているエピソードである。

韋提希夫人は長く子どもに恵まれず、やっと阿闍世を懐妊したが、お腹の子が成人したのち頻婆沙羅王を殺して王位に就くということを占い師から聞かされた。そこで産んで育てるべきか、殺してしまうべきか二人は迷った。王は、高い塔から下に産み落とすという案を韋提希に持ちかけた。それなら韋提希がうっかり高楼《こうろう》でつまずいて流産したという弁解もできるから、変な噂は立つまいと考えたのであった。

彼女としても将来、夫が殺されることを恐れるあまりにその提案に賛同したが、幸か不幸か、結果的には小指が一本折れただけで阿闍世の命は助かった。

そんな過去の秘密をもって阿闍世太子を訪ねた提婆は次のように切り出した。

「頻婆沙羅王は国を傾けてもいとわないほどゴータマにご執心のご様子。城民一同、この国が危うくなりはせぬかと案じております。太子よ、一日も早く王位にお就きください。太子が新王となられたら、わたしが新仏となりましょう。新王と新仏とが相並んで世に立てばマガダ国の天下は泰平でありましょう」

提婆はこのように阿闍世太子を扇動した。父王に反することはできない、子として親を不幸な目にあわせることもできない、と断る太子であったが、その表情を読んだ提婆はついに切り札を出し、出生の秘密を伝えてしまった。そして巧みに言葉を操《あやつ》り、執拗《しつよう》に太子に迫った。

「子どもを想わぬ親などいないというのに、ご両親はあなたを殺そうとした。そんな非情な親が本当の親であるといえるでしょうか。父王はあなたの怨敵《おんてき》でございます。怨敵を殺すのになんの遠慮がいりましょうぞ！」

こうして提婆にそそのかされた太子は、謀反を起こして頻婆沙羅王を王舎城の「七重の牢獄」に閉じ込めて王位を剝奪《はくだつ》すると、新王となったことを内外に宣言した。

だが、そんな彼にも良心の呵責《かしゃく》があって、父王を投獄した直後から眠れなくなっていった。自分を育ててくれた親を牢獄に幽閉する行為が果たして許されるのか、そのうち神の罰を受けるのではないか、と不安定な精神状態に陥った。

しかし、なおも提婆は畳《たた》みかけるように鋭い眼光で扇動する。

「それは殺すべき者を殺さなかったためでありましょう。早いうちに始末をつけなければ、老臣たちから、どのような攻勢をかけられるかわかりませぬ。前王が亡くなってしまえば、あとは阿闍世王さまを支える以外にはございません。殺すわけにはいかないなら餓死させられたらよい。急がれよ！」

阿闍世は完全に幻術をかけられ、幽鬼《ゆうき》さながらの表情に変わってしまっていた。

韋提希夫人は胸張り裂けんばかりの悲しみで、王を牢獄から出してほしいと阿闍世に懇願したが、阿闍世は聞く耳を持たなかった。韋提希は夫が餓死することを恐れた。そこで蜜を塗った手に小麦粉をつけ、瓔珞《ようらく》の中には葡萄酒《ぶどうしゅ》を入れ、人目を避けて牢獄を訪れるのであった。

こうして王は投獄以来、二十一日間を生きながらえていた。陽が射さない石牢の中は湿気が充満し、虫も這《は》って来たが、せめてもの救いは鉄格子の窓の遠くに耆闍崛山《ぎじゃくっせん》を拝することができることであった。頻婆沙羅王はその窓を通して耆闍崛山におられるであろうブッダに祈ることで、提婆達多への憎悪をかろうじて中和させていた。

しかし、阿闍世は父王が一向に死なないことを不思議に思い、牢番を尋問した。そして韋提希がひそかに食べ物を運んでいることを聞き出すと逆上し、韋提希を刺そうとした。が、その場に居合わせた耆婆《ぎば》と月光《げっこう》という二人の大臣から諌められたため、仕方なく幽閉を命じるにとどめた。

韋提希は夫が餓死してしまうかもしれない、と悶々悲泣《もんもんひきゅう》の日々を送っていたが、阿闍世としては母親まで幽閉したことでますます疲労が重なっていった。しばらくして韋提希の監禁だけは解くことにした。

そんなある日、一緒に食事をしていたとき、阿闍世の子どもが背中にできた腫れ物によって発熱し、むずがって泣き出した。それを不憫《ふびん》に思って阿闍世は腫れ物に口をつけて膿《うみ》を吸って出してやった。その光景を見た韋提希は感きわまって泣き出した。

「母上よ、なぜ泣く?」

「いえ、昔のことを思い出したのです」

「昔のこととは何か?」

「ちょうどこの子くらいの頃に、あなたも熱を出したことがありました。そのとき王は朝まであなたを抱いて、あやされたことがありました」

この言葉を聞いた阿闍世は深く反省して、頻婆沙羅を牢獄から出そうと駆けつけたが、時すでに遅く、息を引き取っていたという。これが「王舎城の悲劇」と呼ばれる北伝の記述である。

提婆達多という人物

ここで提婆達多という人物について考えてみたい。

一般的に彼は正義に対する悪徳の代表のように見なされているが、本当に提婆達多は悪人だったのだろうか。

さきにも述べたように、南方の仏伝は彼が執拗にブッダの命を狙っていたことを紹介している。数人の刺客を使って何度もブッダを殺そうとしたこと、耆闍崛山の上から大石を転がして圧死させようとしたこと、あるいはブッダを抹殺すべく、路地に泥酔状態の大象を放ったことを伝えている。

そして、仏伝は阿闍世王が病床に倒れた後の提婆達多の様子についても描いている。阿闍世王から見切りをつけられた彼は仕方なく王舎城を後にしたが、途中で出くわした蓮華比丘尼《れんげびくに》という尼僧からブッダを傷つけた行為を注意されたため彼女を殴り殺してしまい、その天罰として歩くことさえできない体になってしまう。

『四泥犁経《しないりきょう》』という文献には、提婆達多が自分を咎《とが》めた阿羅漢比丘尼を殺し、僧伽を乱した結果、三悪道に趣《おもむ》き、阿鼻地獄《あびじごく》に生まれたと記されている。また他の文献では、「世尊に懺悔《ざんげ》をしたい」と、弟子たちに担がれてブッダのもとに向かい、担架から下りて地に足を着けたとき、彼の足は地中に沈んだ。最初は踵《かかと》、次は膝《ひざ》、胸、首、そして最後に顎《あご》まで沈んでしまったと記している。

さらに、ある仏伝によると、ブッダを殺すことをあきらめずに自分の爪に塗った毒で殺害することを企てていた提婆が近づいて来たとき、ブッダは彼の本心の声を聞かれたという。

「おまえは、『仏に帰依する者は地獄に堕《お》ちない』と言ったな。もしもわたしが地獄に行ったならば、おまえは嘘をついたことになる」

そして、提婆が近づいて来る姿を見て阿難が言った。

「世尊よ、提婆達多が来ました」

「うむ。だが、わたしのところまでは来られまい」

ブッダがそうつぶやかれた瞬間、地中から突然に炎の熱風が巻き起こり、たちまち彼の体は炎で包まれてしまう。火だるまになりながらもブッダに近づいて来た提婆は、「南無仏《なむぶつ》」と言おうとしたものの、焼き尽くされるほうが早く、「南無……」とだけ言い残すと地獄の最下層である阿鼻地獄へと堕ちていった、という。このように提婆達多の最期は文献資料によってさまざまである。いずれもその描写は映画のクライマックスシーンを見るようであるが、経典著作者が提婆を悪人と見なしていることは明確に伝わってくるものの、どこまで事実なのかは定かではない。

提婆達多がブッダの僧伽に反旗を翻したのはまちがいないようである。その根拠は中国の玄《げん》奘三蔵《じょうさんぞう》の『大唐西域記《だいとうさいいきき》』という旅行記からも推測される。彼がインドを旅行した七世紀、ベンガル地方（現在のバングラデシュ）に立ち寄ったとき提婆達多派の教団に遭遇したこと、その教団の僧侶たちが提婆達多の遺訓を守って修行し、ブッダのことを認めていなかったことなどを紹介している。

もう一つは、法顕《ほっけん》三蔵もネパール国境近くで、提婆達多派の教団を見聞したことを旅行記に紹介している。法顕は五世紀の人物、玄奘は七世紀の人物であるから、その頃まで提婆達多の教団が存在していたことになる。よって提婆が僧伽から分派独立したという推測は成り立つ。

しかし、提婆達多が王舎城事件に関与したとか、ブッダを殺《あや》めようとした悪人であったということまではわからないのである。のちに現れた日本の日蓮は提婆達多のことを悪人と見なし、彼のことを「悪人成仏」の代表格としている。ところが、彼が釈迦本懐経《ほんかいきょう》として信じている『法華経《ほけきょう》』の「提婆達多品《ほん》」には提婆達多が悪人であったという記述は見当たらない。むしろ提婆が前世においてブッダに法を授けた仙人であったとして「善知識《ぜんちしき》」と位置づけ、来世では「天王如来《てんのうにょらい》」という仏になるであろう、とブッダが授記《じゅき》されたことを伝えている。

おそらく、日蓮が提婆達多のことを悪人と見なしたのは、どこかの経蔵で阿含経の記述に触れ、それを鵜呑《うの》みにしたからにちがいない。一切衆生がすべて仏に成れるという『法華経』の教えを裏づけるために、悪人成仏の代表格と考えたのだろう。

戒律を重視する南方仏教ではブッダへの反発者や対抗者を蛇蝎《だかつ》のように嫌う傾向が強いが、少なくともブッダ自身が提婆達多のことを悪人と見なしておられたとは考えられない。気に入らないからといって相手に憎悪を抱くようなブッダではなかったと思われるのである。


ブッダが耆闍崛山から下りて来られるとき、提婆が落とした大石で足を怪我《けが》されたというエピソードがある。痛々しい師の様子を見て、僧伽の比丘たちは提婆を懲罰しようと騒々しく門前に集まっていたらしいが、ブッダはそれを厳しく戒められている。

「そんな暇があったら、自分自身の修行をせよ」

そこでみんな武器を捨てたという。

それは、修行の目的が悪心を制御するにあるということ、仕返しというのが修羅《しゅら》の行為であるということ、制裁という行為の奥にある邪念は報復の連鎖として永遠に繰り返されていくと考えられていたからではないだろうか。

ここで思い出すのは「業《ごう》」である。業には「身業《しんごう》・口業《くごう》・意業《いごう》」がある。つまり、行動という行為の業、言動という言葉の業、心に蓄積される意識的な業の三つであるが、それが霊魂《れいこん》に記録され輪廻《りんね》の根拠となる、というのがブッダの考えであった。
ブッダは因果応報《いんがおうほう》の法理を説いておられる。悪業《あくごう》による報いは必ず自分に返って来ること、いかなる憎悪も自分が蒔《ま》いた種として苦しみの結果を招いていくこと、相手から理不尽なことをされようと、相手の憎悪を受け取らなければ相手がすべてを受けると説かれている。その意味では、仮に提婆達多が悪人であったとしても、自分の良心まで偽ることはできない、死んでも因果応報の法理によって地獄の苦を味わうという確信があったのである。
ブッダが仏弟子たちの報復措置を制止されたのは、さきに述べたように「心の乱れは悪魔の仕業」として、修行の本質に気づくよう促されたからである。こうした考え方は次の言葉からも理解される。

他の非違を〔観る《み》〕べからず、他の為《な》せること、為さざりしことを〔観る〕べからず。たゞ自己の為せること（罪過《ざいか》）為さざりしこと（懈怠《けだい》）を観るべし。

（『ダンマパダ』）

実に、この世に於《おい》て、怨は怨によりて終《つい》に熄《や》むことなし。怨を棄《す》てゝこそ始めて熄め。これは萬古不易の法なり。

（『同　前』）

　つまり、ブッダには南方の仏伝が示すような、人間の善悪を両断するような思考はなく、他人の行為によって自分が振り回されることもなかったのである。それは周囲のいかなる現象にも翻弄《ほんろう》されない自己を確立されていたからである。むろん、手厳しく提婆を叱られたことはあったとしても、憎悪から起こったものではなく、慈悲の発露《ほつろ》であったにちがいない。

　ブッダの「無我観《むがかん》」やそこから生まれた大乗仏教の「空観《くうがん》」には人間を同胞として捉える寛容な見方がある。親族という身近な存在であっても理解し合えるとはかぎらない。前世からの縁《えにし》による対立や憎悪もある。提婆の反旗も前世の宿命に紡がれた己の試練と受け止められたからこそ、弟子たちを叱責されたとも考えられる。

　あのイエス・キリストは、ゴルゴダの丘で十字架に架かる前の最後の晩餐《ばんさん》のとき、つぶやいたという。

「ユダも苦しんでいる」

　ユダはキリストを売った人物である。それを知りつつ、キリストは従容《しょうよう》と死地に赴いたが、ブッダも同様であったにちがいない。正は正、邪は邪であるが、世の中にはそれが通じないこともある。だが、いつかめざめる日が来る。聖者には心を洞察する真理の眼がある。

伊蘭樹の果実

その後、頻婆沙羅王崩御後の阿闍世王と韋提希がどうなったか。二人のエピソードを交えながら、ブッダの人間観を抽出してみたい。ここでテーマとして挙がってくるのは「慚愧《ざんき》」というキーワードである。

人は何か過失を犯したとき、「慚愧に堪えない」という言葉を使う。これは残念さや反省を表すニュアンスで使われているようである。厳密に言うと、解釈の仕方は人によって微妙にちがうが、「慚」とは自分を客観的に裁くこと、「愧」とは罪をつくった相手に対して申し訳なく思う気持ちのことと、私は解釈している。

人は誰でも罪をつくることがある。その良心の呵責から死をもって償う人もいる一方で、保身的処世術を駆使して平然とやり過ごす人もいるが、過去をほじくれば一つや二つ忸怩《じくじ》たる思いは誰にも蘇《よみがえ》ってくることである。僧侶の私にも慚愧に堪えない若い頃の思い出がたくさんあるが、問題は罪の後始末についてである。

まず、阿闍世王のことである。

さきにも述べたように、父を「獄死」という形で崩御させてからというもの、彼は良心の呵責に苛《さいな》まれ、全身に生じた疱瘡《ほうそう》によって熱と不眠に苦しむようになっていた。仏伝には、その病気を案じて代わる代わる見舞いにやって来た大臣たちのことが記されている。

プラーナ・カッサパという沙門《しゃもん》を信じていた月称《げっしょう》大臣は言った。

「王よ、たしかに王は提婆達多に誘惑されて前王を獄死させせられました。昔から親を殺せば、地獄に堕ちるといわれています。でも、誰が地獄を見てきたというのでしょう。善悪の区別などは人間が決めたものであって正しい基準はない、とプラーナは教えています。どうぞ我が師のプラーナのもとをお訪ねください。きっと大王の病を治して差し上げるでありましょう」

次に見舞った蔵徳《ぞうとく》大臣は語った。

「王よ、世の中には出家の法と国王の法というものがございます。出家の法では小虫を殺しても罪とされていますが、国王の法では国を守るための殺人は認められています。自分の父を殺して国王になられたことを批判する者もいるでしょうが、これは法螺貝《ほらがい》の子どもが親の腹を破って出てくるようなものでございます。これも運命であって王に罪はありませぬ。マッカリ・ゴーサーラのもとへ行って教えをお聞きになれば、ご病気はすぐに快復なさるはずです」

不可知論・懐疑《かいぎ》論のサンジャヤを信じていた実徳《じっとく》大臣は次のように説いた。

「王よ、およそあらゆる人間の中でいかなる悪を犯そうとも、王だけには一切の罪が許されております。火は清いものも汚いものも平等に焼き尽くします。木は秋に伐《き》り倒されるからこそ春の芽吹きがあるのです。人の幸不幸は業によるものではありませぬ。王がお苦しみになる理由はありませぬ。どうかサンジャヤのもとにお行きになることをお勧めいたします」

次に唯物論のアジタ・ケーサカンバラという思想家を信じていた悉知義《しっちぎ》という大臣はこう進言した。

「大王よ、これまで父王を殺して王位に就いた王子はたくさんいますが、誰一人として悩んではおらず、地獄に堕ちた者もいませぬ。神の世界とか地獄の世界を見た者もいませぬ。そもそも善とか悪とかいうものは、人間が勝手にこしらえた妄想にすぎませぬ。また、王法には邪道が許されております。もし王がケーサカンバラ師のもとで、ゆっくりお話をお聴きになられるなら、たちどころにお元気になられましょうぞ」

また、吉徳《きっとく》大臣はパクダ・カッチャーヤナの教えで諭した。

「王よ、誰が地獄のことを申し上げて大王を苦しめたのでありましょうか。王が国のために人を殺すことは認められていることでございます。また、もし人間に魂というものがあり、それが不滅の実体というのなら、殺害することもできないはずです。剣をもって刺したとしても、剣が通過しただけの話でございましょう。わたしが信じているパクダ・カッチャーヤナは、人を殺しても恥じないならば悪に堕ちることはない、と申しております。そもそも万物は人間の悪や罪を含めて自在天がつくったものでございます」

さらに無所畏《むしょい》という大臣はニガンタ・ナータプッタ（マハーヴィーラともいう）の自己制御説から王を説得しようとした。

「王よ、案じられる必要はありませぬ。王が先王の命を奪われたのは、提婆達多に誘惑されたためではなく、国のため人民のためをお考えになっていたからでございましょう。ニガンタ・ナータプッタは命というものの本質は霊魂であると認めていますが、それは風のようなものです。風なら殺すことはできませぬ。また、八万劫《はちまんごう》を経れば生死というものは止み、罪ある者も罪なき者もおのずと解脱《げだつ》する、と説いております。わが師こそが王の心身を治す名医でございます」

このように大臣たちは自分が信じる思想家たちのいろいろな考え方を持ち出し、阿闍世王を病床に見舞ったというが、これが本当の慰めや見舞いになったかどうか。

「地獄はない」

「国王の法では国を守るための殺人は認められている」

「木は秋に伐り倒されるからこそ春の芽吹きがある」

「剣をもって刺したとしても、剣が通過しただけの話」

「命というものの本質は風であるから殺すことはできない」

「八万劫を経れば生死というものは止み、罪ある者も罪なき者もおのずと解脱する」

むろん、家臣という立場であれば大王の機嫌をとることもあるだろうが、これらはすべて阿闍世王の心を安《やす》らがせるものではなかったようである。ただ、最後に訪れた耆婆大臣の見舞い方は少しちがっていた。

「大王よ、ぐっすり睡眠はとれておられるでしょうか。王はたしかに重罪を犯されました。その苦しみから良好な眠りがとれないでおられるかもしれませぬが、王は深く後悔しておられます。もはや過ぎたことは仕方がありませぬ。世尊は罪の苦しみから免れる方法が二つあると教えられています。一つは『慚』、もう一つは『愧』です。慚とは自分を恥じる心のことです。愧とは相手に対して恥じる気持ちのことです。大王はこの慚愧の心をお持ちなのですから、もうこれ以上苦しまれる必要はございませぬ。どうか我が師のブッダのもとへ行かれることをお勧めいたします」

眠れないほど、罪の意識に苛まれていた阿闍世を前にして、耆婆は逆鱗《げきりん》に触れることを恐れず、王が取り返しのつかない重罪を犯したことを率直に伝えた上で、「慚愧の心をお持ちなのですから、これ以上自分を責める必要はありませぬ」と励ました。

そもそも耆婆は阿闍世が韋提希を剣で刺そうとしたとき、月光という大臣といのちを懸けて止めようとした人物である。相手が太子といえども、まちがった行為をいのちをかけて止めたことからすると、信念のある誠実な家臣であったことになるが、その忠実な耆婆から説得されても、阿闍世はすぐにはブッダのところへ行こうとしなかった。

そんなある日、阿闍世は天から何者かの声を聞くのであった。

「悪罪を犯せば誰もがその報いを受けることになる。だが、その苦しみから助けてくださるお方もないわけではない。それはブッダである。ブッダを除いてそなたを救ってくださるのは他に誰もおられない。王よ、早くブッダのみもとに行きなさい」

その声を聞いて阿闍世は恐れおののきながら尋ね返す。

「余に声をかける者はいったい何者ぞ?」

「そなたの父である。耆婆の言葉に従って世尊に会いに行くがいい」

天の声は父の頻婆沙羅王であった。

阿闍世は思うのである。父からすれば怨《うら》み骨髄《こつずい》に徹しているはずなのに、怨むどころか自分のことを案じてくれている。そんな父に対して自分は何ということをしたのかと、心から反省せずにはいられなくなった。

そこでようやくブッダのもとへ詣でる決意を固め、侍者に支えられて輿《こし》に乗ると王舎城下の一隅にある菴羅樹園《あんらじゅおん》をめざした。来訪した阿闍世に法を説かれたときの内容について仏伝は、彼ら大臣たちが信じていた六師外道《ろくしげどう》の教えをブッダが否定されたことを紹介しているが、実際は次のようなことを語られたと思う。

「王よ、たしかにあなたは父王を獄死させてしまわれました。だが、今はその行為に対する反省の心をお持ちです。そして頻婆沙羅王にもあなたのことを想う親心がございました。そのことは長くお付き合いをさせていただいたわたしがよく存じています。あなたの身を案じて先王が言葉をかけられたということは、あなたのことを許しておられる証左《しょうさ》でもあります。一日も早く元気になってくれなければ、この国はどうなるかと案じておられる証しでもございましょう。親はいずれすべてを子どもに譲る覚悟はできているのです。子どもを想う親心というものはそのようなものでございます。しかし、あなたにも親を想う心があり、慚愧の心がありました。人間であれば罪をつくるのは仕方がない。でも、過去の罪を恥ずかしく思い、未来に罪をつくらない気持ちがあればそれで十分なのです。慚愧の気持ちは先王にも必ず通じているはずです。だからこそ先王も苦しんでいるあなたを見捨てることはできなかったのです。これ以上苦しまれると、かえって先王も救われませぬ」

このように、ブッダは苦しみから解放する法を切々と説かれたにちがいない。その結果、阿闍世は次のように懺悔するのであった。

世尊《せそん》、我世間《われせけん》に伊蘭子《いらんし》より伊蘭樹《いらんじゅ》を生ずるを見、伊蘭より栴檀樹《せんだんじゅ》を生ずるを見ず。我今始《はじ》めて伊蘭子より栴檀樹を生ずるを見る。伊蘭子とは我が身是なり、栴檀樹とは即《すなわ》ち是《これ》我が心無根信《しんむこんしん》なり。無根とは我は初《はじめ》、如來を恭敬《くぎょう》することを知らず、法《ほう》・僧《そう》を信ぜず。是《これ》を無《む》根《こん》と名く。
（『大般涅槃経《だいはつねはんきょう》』）

伊蘭樹という木を私は見たことがないが、あまりにも激しい悪臭を放つので匂いを嗅いだ者は発狂して死んでしまうらしい。一方、栴檀という木は非常に良い香りがして、伊蘭樹の林の中でも栴檀樹が芽を出して双葉をつけると、その香りで伊蘭の林をいっぺんで良い香りに変えてしまう、と言われている。

つまり、阿闍世が言おうとしているのは、自分という人間はそれまで伊蘭樹のように嫌われる人間だったけれども、ブッダの教えに触れて栴檀の木のような気持ちになることができたという感動である。さらに「無根の信が誕生した」とも語っている。それまでブッダを信じる気持ちなど片鱗《へんりん》もなかったのに、ブッダの教えに触れて突然に信仰の芽が吹き出てきたという意味である。このことはブッダが、王の罪の臭いを自らの徳香《とっこう》で消されたことを物語っている。

そこで阿闍世は言った。

「これからわたしはマガダ国民の煩悩《ぼんのう》悪心を除くことに努めたい」

自分自身がブッダによって救われたのだから、苦しんでいる人びとを自分と同じように救ってあげたい、と申し出たのであった。『法華経』によると、彼は僧伽の仏弟子たちとともに聞《もん》法《ぼう》の座に坐っている。父王と同様に仏教興隆に尽くし、その後はマウリア王朝の基礎を固めたようである。

償いの心

もう一つは阿闍世の母、韋提希のことである。

浄土系の経典の中に『観無量寿経』という経典がある。ここに記されている内容は、阿闍世が牢獄の頻婆沙羅王を餓死させようとしたくだりからはじまっている。

ひそかに夫に食事を届けていた韋提希は、「賊を助ける者は賊だ」と阿闍世の怒りを買い、髪をつかまれて剣で刺されようとしたが、耆婆と月光という二人の大臣の取りなしによって死罪を免れて、王宮の一室に幽閉されてしまった。そのとき部屋に現れた耆闍崛山のブッダの幻影に向かって、彼女がむせび泣きながら次のように伝えたという。

世尊われ宿《むかし》なにの罪ありてか此《こ》の悪子を生める、世尊またなにらの因縁《いんねん》ありてか提婆達多と共に眷属《けんぞく》と為りたまへる。唯《ただ》ねがはくは世尊わが為に広く憂悩《うのう》なき處《ところ》を説きたまへ、我れ當《まさ》に往生《おうじょう》すべし。（『仏説観無量寿経』）

（世尊よ、わたくしは前世においてどのような罪を犯したため、阿闍世のような悪い子を産んだのでしょうか。世尊はいかなる因縁あって提婆達多と親族でいらっしゃるのでしょうか。このような悪人をなぜお弟子になさったのでしょうか。どうか世尊、わたくしのために憂いも悩みもない世界を教えてください。わたくしはその世界に往生したいのです）

そこで不憫に思われたブッダは、彼女に十方諸仏の浄土の世界を観せられた。だが、彼女にとっては十方諸仏の世界のことなどどうでもよく、極楽世界の阿弥陀仏《あみだぶつ》のもとに往《い》くことのみを求めたという。そしてブッダはその願いに応えるべく、阿弥陀仏の世界があることを教えられたというのである。その世界が「極楽浄土」であった。

法然《ほうねん》を宗祖とする浄土宗や親鸞《しんらん》を宗祖とする浄土真宗においては、『無量寿経』、『観無量寿経』、『阿弥陀経』を『浄土三部経』として根本経典に据えているが、その一つである『阿弥陀経』には、阿弥陀仏がおられる場所を次のように描写している。

また舎利弗極楽国土には七宝の池あり。八功徳水《くどくすい》その中に充満せり。池の底には純《もっぱ》ら金沙《こんしゃ》を以て地に布《し》けり。四辺に階道《かいどう》あり、金《こん》・銀《ごん》・瑠璃《るり》・玻瓈《はり》をもて合成《ごうじょう》せり。上に楼閣《ろうかく》あり、また金・銀・瑠璃・玻瓈・硨磲《しゃこ》・赤珠《しゃくしゅ》・瑪瑙《めのう》を以て而《しか》もこれを厳飾《ごんじき》せり。池の中に蓮華あり、大《おお》きさ車輪のごとし、青色《しょうしき》には青光《しょうこう》あり、黄色《おうしき》には黄光《おうこう》あり、赤色《しゃくしき》には赤光《しゃくこう》あり、白色《びゃくしき》には白光《びゃくこう》あり、微妙香潔《みみょうこうけつ》なり。

（『仏説阿弥陀経』）

（舎利弗よ、極楽の世界には七宝の池がある。八種の功徳を備えた水がなみなみと湛《たた》えられている。池の底には一面に黄金の砂が敷き詰められ、金・銀・瑠璃・玻瓈でつくられた階道がある。それを上ると楼閣があって、これも金・銀・瑠璃・玻瓈・硨磲・赤珠・瑪瑙で美しく飾られている。池の中には車の輪のような蓮華が咲いていて、青色の花には青い光があり、黄色の花には黄色い光があり、赤色の花には赤い光があり、白色の花には白い光がある。その妙なる香りは清浄《しょうじょう》そのものである）

この極楽では何の苦悩もなく、ただ楽だけを受けることができるという。阿弥陀さまがその極楽に煩悩で苦しみ続けている人間を導く約束をしておられることから、浄土系の宗派では、これを「弥陀《みだ》の本願《ほんがん》」と呼んでいるようである。

こうなると、どんなに罪深い凡夫も弥陀の本願によって救われるという安心感はあるが、果たして極楽浄土には誰もが無条件に入れるのだろうか。どんな悪人でも念仏を称《とな》えたり、阿弥陀を信じたりするだけで、死後の世界の安楽が保証されているのだろうか。

私は実際に阿弥陀さまに会ったことも、極楽浄土に行ったこともないからわからないが、救われずに現界をさまよう幽霊の存在を知った者として言えば、この浄土思想は人間の哀しみに生じた思想と思わずにはいられない。

問題は韋提希自身の態度にある。浄土経典の記述をそのまま受け止めると、彼女からは反省の気持ちなどまったく感じられないのである。我が子のことを悪子と見なしたり、提婆達多がブッダと親族であったということだけを不服に思ったり、まったく自分には非がないと言わんばかりである。

もし、王舎城事件の発端が一日も早い我が子欲しさのために仙人を殺したことにあったとするなら、二人に責任があることは明白である。いたいけな幼子に罪などあるはずもないのだから、阿闍世太子を殺そうとした罪は軽くない。

つまり、彼女は自分たちの非を悟り、阿闍世に対してきちんと謝罪しなければならなかったのである。そこに彼女にとっての「慚愧」がなければならないというのに、自分の切なさだけを訴えている彼女を無条件に迎えてくださるというのであれば、私には阿弥陀さまの気持ちが理解できない。

おそらく、この『阿弥陀経』の原典がつくられたのは紀元前後であり、その頃のインドは陰謀、惨殺がはびこる重苦しい戦乱の時代だったのではないだろうか。この世を儚《はかな》み、死後の安楽を求める人びとの要求に呼応して浄土思想が起こったとするなら、やるせない世に生きる人びとに救いを与えたかったのかもしれないが、慚愧の欠落は倫理退廃にともなう悪世を招く元凶であると言わざるを得ない。

それはともかく、同じ浄土系の経典でありながら、『観無量寿経』と『阿弥陀経』には少し矛盾を感じさせるような記述がある。

汝いま知るやいなや、阿弥陀仏こゝを去ること遠からず

（『仏説観無量寿経』）

是れより西方十万億の仏土《ぶつど》を過ぎて世界あり、名づけて極楽といふ

（『仏説阿弥陀経』）

この二つをどう理解すればよいのだろう。「こゝを去ること遠からず」というと極楽浄土はそう遠くない場所にあるが、「十万億土」ということになると、ずいぶん気が遠くなるような彼方にあることになる。これは大きな矛盾である。

このちがいについて、ある浄土真宗の僧侶は、「実際には十万億土も遠い距離におられるのであるが、阿弥陀如来の方から先にやって来て、凡夫に救いの手を差し伸べてくださるのだから、すぐ近くにあるという意味である」と解釈されている。

私は、「十万億土」と「こゝを去ること遠からず」というのは、頭と心の距離を仮託した表現ではないかと考えている。頭ではわかっていても心がついていかない乖離《かいり》が「こゝを去ること遠からず」という意味であり、「十万億土」とは、しかしながらその反省がむずかしいということを意味しているのではないだろうか。理性と感情は同じ意識の中にあっても近いようで遠い。

頭では悪いことだとわかっていても、素直に謝罪できない人がいる。しかし、気づかねばならないのは、良心の責め苦を常に浴びせられていくことである。地獄には「針地獄」という世界がある。意識の中に記録されたものは死んでも背負っていくことになるのである。

世の中には、悪い行為をして被害者に申し訳なく思い、一生をかけて罪を償う人もいる。雨の夜にスリップ事故を起こして人をはねてしまった郵便配達の青年は、罪滅ぼしのために毎月給料の一部を送り続け、その真心に打たれた被害者の奥さんからついに許しを受けたという話もある。

別件であるが、ある日、ある母親と息子が寺にやって来たことがあった。中学生のときから罪を重ねてきた若者であった。暴走族、窃盗、少年院、自主退学、その後は暴力団、子どもをはねるバイク事故、薬物は打たなかったものの、その売買と前科を重ねてきた。

彼は二十八歳になったが、被害者への謝罪はおろか、窃盗や交通事故についての償いが全然できていなかった。母親に申し訳ないという気持ちはあるものの、だからといって更生はできないと語っていた。

だが最近、子どもができてから少し気持ちの変化が見られるようになった。謝罪の上で弁済をはじめたというのである。窃盗した店、事故の被害者宅に毎月三万円ずつ振り込んでいるという。完済まで十年かかるというから、子どもが生まれて生活もきついだろうに、と思った。

「二年前まではいろいろ自分の中で言い訳していました。子どもが生まれて今の給料じゃ食べていけんので、考えたくなくて放っておきたいというのが正直な気持ちでした。でも、嫁はんが、子どものためにもがんばろうと言ってくれたんです。被害者の人は『ありがとう。届きました』ってメールを送ってくれています。加害者の僕が言うのもなんですが、あれっていいですね。嬉しくなるんです」

横では母親が泣いていた。

被害にあった人の痛みを思えば自分の心も疼《うず》く。相手の痛みを自分の痛みとして響いてくる心、一生を懸けてでも償おうとする気持ちは人間だけが持ち合わせている宇宙意識で、それは地上に生まれる前に「何か偉大なもの」から注入されてきたのである。だが、人は世間の悪に染まることで、いつしかその純粋な心を失っていく。

もし、王舎城事件の原因が二人による阿闍世太子殺害未遂に起こったものであったとするなら、きちんと謝罪すべきであった。その点、阿闍世は父王を七重の牢獄に押し込んだ時点から良心の呵責に苦しんでいた。父王が阿闍世の病気を案じて出て来たときも、「わたしは何ということをしたのだろうか」と慚愧の念に打たれた。それが人間としての当然の心情であると思う。

悪人であっても念仏を称えさえすれば救われる、あるいは阿弥陀仏の存在を信じれば往生できるという教えには救いがあるかもしれないが、私としては慚愧の心なくして極楽浄土に入ることはできないように思う。むしろ、堕地獄という死後の世界が決まることを修行体験の中で私は知った。

ある経典には、「地獄の業をつくる原因は恥じる心を持たず、畏れを知らず、自己の喜びだけを求めてなんら反省することもなく、悪の上塗りを重ねていくことである」と、ブッダの言葉が記されている。

ところで、フランスの「モン・サン・ミッシェル」という寺院に行ったとき、左の手に天秤、右に剣を持つミッシェル（ミカエル）という天使がいた。天秤の一方の皿に衣服を乗せて審判を下すのだという。衣服が重いと罪が重い証拠で左、衣服が軽いと罪が軽い証拠で右。「オールライト」というのはそこから起こった、とガイドさんが説明してくれた。

おそらく、ミッシェルは日本で言うならお地蔵《じぞう》さんのことだろう。地蔵菩薩は賽《さい》の河原にやって来る死者の着物を枝にぶら下げて重さを計ると言われている。審判を下すのは閻魔《えんま》大王とされているが、これは仏教ではなく道教《どうきょう》からきているというから、仏教では地蔵菩薩ではないだろうか。「ミッシェル」イコール「地蔵」イコール「閻魔」。国や民族はちがっても、死んだら剝《む》き身の魂だけになる。顔かたちや言語や服装などは無関係である。

民族を超えて共通に内在する宇宙意識は人間の罪を裁く。神や菩薩の姿にちがいがあるのは、脳がそれぞれの民族に理解できるように教えているのかもしれない。

Ⅵ　ブッダの入滅と法の不滅

祖国の滅亡

これから述べるのは、ブッダの祖国であるサキャ国がコーサラ国から殲滅《せんめつ》されたときのエピソードである。サキャ国が滅亡するに至った経緯については各種文献で伝えられているが、その時期がブッダの生前か、それとも滅後のことであるかはわかっていない。私としてはブッダ生存中の出来事と考えている。

全インドが統一国家に近づいていく中で、コーサラ国がサキャ国を併合しなかったのは、ブッダに対する波斯匿王《はしのく》の信仰があったからかもしれない。だが、波斯匿王が命終《みょうじゅう》して毘瑠璃《びるり》王が王位を継いだ直後、サキャ国はコーサラ国の総攻撃を受けて滅亡してしまった。そこには伏線があった。

かつて波斯匿王がサキャ族の中から自分の正妃を迎えたいと要請したことがあったが、太陽の末裔《まつえい》を自負するサキャ族であれば、いかに宗主国《そうしゅこく》の要請とはいえ、重臣たちが種族の血統が乱れるのを拒絶したかったことは想像に難くない。ただ、それを聞き入れなければ両国は亀裂する可能性があった。国を滅ぼされるか、はたまた血統の乱れを容認するか、重大な決断が迫られていた。

そのときサキャ国の重鎮であった摩訶男《まかなん》という人物が一つの提案をした。それは自分が奴隷に生ませたヴァーサバ・カッティヤーという娘を送り込もうという計画であった。彼女については、それまで摩訶男の身の回りの世話をしていた女性とか、実父の死後、摩訶男の養女になっていたという見方もあって定説はないが、ブッダを慕って出家する王族女性が多かったために、彼女しか見当たらなかったという説もある。

しかし、波斯匿王は彼女のことを血統正しい女性と信じ込み、正妃に迎えると毘瑠璃という太子を産んだ。その毘瑠璃が十六歳になったとき、弓術を学ぶために母方の故郷である迦毘羅《かびら》城へ留学することになった。ところが毘瑠璃が到着したとき思いもしない出来事が起こった。

その頃、迦毘羅城内にブッダのための講堂が建設中であった。サキャ国の家臣たちは完成の暁には最初にブッダに入ってもらうことにしていたが、そうとは知らない毘瑠璃は中に入って休んだ。すると、それを見たサキャ国の家臣の一人から烈火のごとく怒られ、追い出された。

「卑賤《ひせん》な奴隷の女が産んだ子が図々しくもこの講堂に入って来ようとは。これはサキャ国が建てたものだ。出て行け！」

だが、毘瑠璃には意味がわからない。

「卑賤な奴隷の女が産んだ子とはどういう意味ですか？」

問いただしたところ、自分の母がシュードラ出身であることを知らされた。彼は激しい衝撃を受け、自分の家臣に命じた。

「もし自分が王位を継いだときには、この屈辱を思い出させよ！」

こうしてサキャ国はやがて王位に就いた毘瑠璃王から総攻撃を受けることになった。毘瑠璃王は象や戦車、騎兵を率いて迦毘羅城に迫った。だが、その途中、行く手を塞《ふさ》ぐように枯れ木の下に坐られているブッダの姿を発見した。暑い日射しを避ける葉が茂った大木はたくさんあるというのに、なぜ枯れ木の下なのか毘瑠璃王は合点がいかない。

「これは世尊よ、なぜこのような枯れ木の下に坐っておられるのでございますか？」

進軍を停止して馬から下りた毘瑠璃王が尋ねると、ブッダは一言答えられた。

「親族の葉陰はことさらに他のものに勝る……」

この言葉を聞いた毘瑠璃王は、歳月を経て疎遠になっていく親族であっても故郷にいてくれるだけで嬉しい、という意味であろうと受け止めて、攻撃を思いとどまり全軍を引き返させた。こうして三度同じことが繰り返されたが、四度目の進軍のときにはブッダの姿はなかったというのである。

やがてコーサラ国の全軍が迦毘羅城を包囲すると、立てこもっていたサキャ族はいっせいに矢を放って防戦をはじめた。一方の毘瑠璃王は城外から叫ぶ。

「城門を開けよ。開けるならばいのちは助けるが、さもなければみな殺しにしてくれるぞ」

籠城《ろうじょう》数カ月、兵糧《ひょうろう》も尽き、餓死する者が増えてきたので、城内で一族の軍議を開いて城門を開けることにした。しかし、毘瑠璃王は約束を守らず、全軍を雪崩《なだれ》のように攻め込ませた。老若男女が悲鳴を上げて逃げ惑う中で、毘瑠璃王は斃《たお》れていく城民を象に踏みつぶさせた。

その頃、サキャ国の王となっていた摩訶男は、一族が虐殺されてしまうのを恐れて、ひそかに城を出て毘瑠璃王のもとへ行くと、自分の命と引き換えに停戦を懇願した。それでも受け入れてもらえないので、せめて自分が池に入水して浮き上がるまでの間だけでも城民が外に逃れることを許してほしいと頼んだ。

仮にも毘瑠璃王にとって摩訶男王は祖父に当たる人物であったから、仕方なく毘瑠璃王がそれを受け入れると、約束どおり摩訶男王は池に飛び込んだ。ところが遺体が浮かんで来なかった。

毘瑠璃王が怪しんで水中を探らせると、摩訶男王は頭の髪の毛を水底の木の根にくくりつけて死んでいた。結果的に毘瑠璃は迦毘羅城を焼き払って舎衛《しゃえい》城に帰ることになったという。

ネパールのテラウラコットの城址《じょうし》の発掘調査によると、迦毘羅城址の地層からこの頃の焦土が見つかっており、火事の痕跡を示しているという報告がある。

この事件の引き金は、サキャ国の家臣が怒りにまかせて吐いた「卑賤な奴隷の女が産んだ子」というヘイトスピーチにあったが、その奥にある民族差別の悪業《あくごう》が悲劇を招いたことはまちがいない。

その後、毘瑠璃王は本国に凱旋《がいせん》するや、妓女《ぎじょ》の音楽を聴いていた兄の祇陀《ぎだ》を怒ると、その場で斬り殺した。こうした一連の話を耳にしたブッダは比丘《びく》弟子衆に伝えられる。

「わたしの国が滅ぼされたからといって、そなたたちまでが毘瑠璃王を憎む必要はない。人間を虐殺し、身内をも殺害した罪にはおのずと報いがある。これより七日を過ぎぬうちに報いを受けるであろう」

案の定、戦いの疲れを癒やそうと河辺に泊まった毘瑠璃王は、夜半に起こった暴風雨で水底の藻屑《もくず》となってしまい、その後のコーサラ国はマガダ国に滅ぼされたという。

それにしてもしっくりこないのは、ブッダが三度まで攻撃を止めながら、なぜ四度目には毘瑠璃王の進撃を許されたかということである。それまでのブッダは各国の王族に不殺生と非暴力の教えを説いておられた。そのブッダが、なぜ毘瑠璃王にストップをかけられなかったのか。それは現在でも謎とされている。

ただ、弟子の目連《もくれん》がブッダの祖国が滅ぶことを悲しく思い、迦毘羅城の防衛についてあれこれ提案したときのブッダの言葉がある。

釋種《しゃくしゅ》今日宿縁已《しゅくえんすで》に熟せり、今當《いままさ》に報《むく》ひを受くべし
（『増一阿含経《ぞういちあごんきょう》』）

ブッダはサキャ国の滅亡を宿世の因縁《いんねん》と考えられていたというのである。それまで多数の王族を教化されたブッダならば、サキャ国の滅亡を防ぐことはできたかもしれない。その可能性はあったはずである。それをこの一言で片づけられたとするなら、あまりにもドライと言わざるを得ない。

しかし、おそらくブッダは、もはや消し止めることができないほどの憎悪の炎を毘瑠璃王の心に感じ取っておられたのではないだろうか。「怨みに怨みを以てしてはならぬ」という道理は頭ではわかっても、心は理屈のようには動かない。平和を説くいかなる高邁《こうまい》な宗教であっても、戦争という現実の前には無力と言わざるを得ない。

ちなみに頻婆沙羅《びんばしゃら》王が崩御したとき、波斯匿王は自分の娘を頻婆沙羅王に嫁がせるために持参金代わりとして割譲していたカーシ国を奪還するための戦争をはじめている。昔からカーシ国の首都ベナレス（バーラーナシー）は水陸交通の要衝。ガンジス河中流域における最大の商業貿易の中心地であったから、インドの王族たちはベナレスの統治権を熱望していたが、それを真っ先に取り戻そうとしたのであった。

「自愛《じあい》のために他を害する勿《なか》れ」とブッダの教えを受けていながらも、それを実践できなかった意味では、欲望の前には精神的な教えなどいとも簡単に吹き飛ぶことを物語っている。

悲しいけれども、仏教は外野席から戦争反対を訴えることしかできないし、国家、国民の安全を保障する責任を有する政府には精神論など通じない。

政府は常に警戒監視体制をとり、急迫な危険や第三国からの攻撃を受ける場合には迅速に防衛行動を起こさねばならない。そのための防衛体制も強化され、武器の精度も進化されねばならない。戦争ほど愚かなものはないと思うのだが、人類は救いようのない業を背負っているとしか言いようがない。

ちなみに、いつも私の頭の隅にある経典《きょうてん》の一節を紹介する。

時に当《あた》り虚空中《こくうちゅう》に大聲《だいじょう》あり、地を震ふ。一切皆遍《みなあまね》く動き、猶《なお》し水上の輪の如し。城壁砕《じょうへきくだ》け落下し、屋宇悉《おくうことごと》く圮《ひ》坼《き》し、樹林の根・枝葉・花葉・果薬盡《つ》く。（『大方等大集経《だいほうどうだいじっきょう》』）

（突如として虚空中に大音声が響きわたり、大地が震え、すべてのものが揺れ動き、その様子は水に広がる輪のようで、それに伴い城壁は砕けて落下し、家屋はことごとく折れ、へし曲がる。樹木の根も、枝葉も実も折れ尽きる）

これは紀元五世紀頃の僧侶が漢訳したものであるが、この「水上の輪の如し」とはいったい何のことであろうか。私は全体のニュアンスからして「原水爆」のように感じているが、これが先の大戦において投下された広島・長崎の原爆のことを意味しているのか、それともこれから起こることなのか、私にはわからない。沙門《しゃもん》というのは「シャーマン」といい、超能力を有している修行者のことであるが、時代は明らかにその予言の方向へ推移しているように思われる。

理想としては、各国が精神的な価値観を共有し、非暴力主義に徹することにあるが、現実的にはこうした価値観は共有されているわけではない。第二次世界大戦後は、武力行動が起これば国連の調停による平和的な解決策が功を奏してきたが、現実的には戦争のない世界は理想でしかない。リアリズムの世界である政治の前には、ブッダの教えなど理想にすぎないのかもしれない。

おそらく、ブッダも自分の教えの限界を感じられたことだろう。真理の王国建設という大業を達成しようと王族の教化に努めてきた日々が虚しく思い起こされたことだろう。こう考えると、ある種のペシミズムしか起こってこないが、ブッダの教えが国際社会の脅威を減らし、世界平和へ統合する示唆を持っていることだけはまちがいない。

この世のなごり

ところで、祇園精舎《ぎおんしょうじゃ》で雨安居《うあんご》を過ごされたブッダは王舎城《おうしゃ》に戻ると、僧伽《そうぎゃ》の双璧であった舎利弗《しゃりほつ》と目連の死に直面されることになった。まず、目連の死に遭遇されたのは王舎城下の竹《ちく》林《りん》精舎においてであった。

僧伽を根絶するに当たってバラモン教徒たちが第一に狙ったのは目連であった。目連はブッダを守る護衛役も務めており、彼の力によって僧伽へ移って来る僧侶も多かったので、バラモン教徒の憎悪を一身に受けていたようである。

それまでは神通力《じんつうりき》によって未然に襲撃を察知して数々の難を逃れてきたが、たまたま王舎城で托鉢をしていたとき、バラモン教徒からめった打ちにされてしまった。そして瀕死《ひんし》の重傷を負って竹林精舎にたどりつくと、舎利弗たちに看取られながら息を引き取ってしまった、と伝えられている。だが、こんどは舎利弗も目連の後を追うように病気にかかり、故郷に帰って息を引き取った。ブッダはそのことを阿難《あなん》から聞かれた。

「長老・舎利弗尊者はわたくしにとって良き助言者でありました。苦しいときに励ましてくださり、わたしの目をさまさせていただいたお方です。あまりにもさみしいことです」

むろん、ブッダにもさみしさがあったにはちがいないが、ブッダには二人の後生《ごしょう》が安穏《あんのん》であるという確信があった。ここでブッダは阿難のために「自灯明《じとうみょう》」、「法灯明《ほうとうみょう》」ということを説かれている。自灯明というのは鍛えられた自分の心を師とせよということであり、法灯明というのは真理の教えを心の師とせよという意味である。帰依《きえ》すべきものは「人」ではなく、「法《ほう》」であることを阿難に教えようとされたのであった。

これから述べるのは、入滅直前の事蹟である。のちに行われた「第一回経典結集《けつじゅう》会議」の際に、阿難はブッダの行動を証明する立場にあったから、内容はほぼ正しく伝えられていると考えていいだろう。その前に阿難について少し説明しておきたい。

阿難は「多聞《たもん》第一」と称されている。彼はサキャ族の迦毘羅城の出身であり、ブッダの従弟に当たる。「生まれながらにして容姿端正、面は満月のごとく、目は青蓮華《しょうれんげ》の葉のごとく、その身は明鏡《みょうきょう》のごとく輝けり」と伝えられているが、この美貌が女難を招いたこともあった。

阿難はブッダ五十五歳のときから入滅までの約二十五年間にわたって侍者を務めたというから、ブッダがあちこちで説かれた教えの内容を記憶している点では門弟中随一であったと考えられる。そのため、ブッダの入滅直後に行われた「第一回経典結集会議」においては、ブッダの教法を証明する役割を果たし、長老・摩訶迦葉《まかかしょう》の入滅後においては僧伽全体を指導することになったという。その阿難を伴ってブッダは王舎城を出発することになった。

随身は数人いたと思われるが、仏伝には阿難の姿だけが浮き彫りになっている。マガダ国のパータリ村という場所から、水かさが増したガンジス河を筏《いかだ》で無事に渡り切ると、到着したヴァッジ国のコーティ村において法会《ほうえ》を開かれた。

そして、この城を出たあとナーディカ村の煉瓦堂《れんがどう》で、亡くなった人間の運命について「法鏡《ほうきょう》」という教えを説かれたと記録されている。その頃、ブッダ自身も自分の死を覚悟されていたようである。その言葉が仏伝に残されている。


生存に対する妄執《もうしゅう》はすでに断たれた。生存にみちびく（妄執）はすでに滅びてしまった。もはや再び迷いの生存を受けるということはない。（『大パリニッバーナ経』）

そしてさらに遊行《ゆぎょう》を続け、ベールヴァという村で雨安居に入ったとき、ブッダは病気にかかられたという。「恐ろしい病が生じ、死ぬほどの激痛が起った」とあるだけで、詳しい内容は記されておらず、禅定《ぜんじょう》に入って痛みに耐えられたことだけが仏伝に記されている。だが、ここでも阿難は舎利弗のときと同じことを言った。

「世尊よ、よく耐え忍ばれました。世尊が病まれたとき、わたしはまったくどうしていいかわからなくなりました。しかし、残される僧伽のことについて何らかのお言葉があるまでは、けっして逝かれるはずがないと思っておりました」

教えの法に価値があるというのに、まだ阿難にはブッダという人への依存があることを物語っていた。そこでふたたびブッダは説かれるのである。

アーナンダよ。わたしはもう老い朽ち、齢をかさね老衰し、人生の旅路を通り過ぎ、老齢に達した。わが齢は八十となった。譬《たと》えば古ぼけた車が革紐《かわひも》の助けによってやっと動いて行くように、恐らくわたしの身体も革紐の助けによってもっているのだ。（略）

それ故に、この世で自らを島とし、自らをたよりとして、他人をたよりとせず、法を島とし、法をよりどころとして、他のものをよりどころとせずにあれ。（『同　前』）

帰依すべきものは「人」ではなく、「法」であることを、ブッダは阿難に理解させようとされたが、繰り返し聞いても阿難は理解できないようであった。

やがて雨安居が終わると、ブッダはヴァッジ国最大の商業都市であったヴェーサーリー郊外の高台にあるチャーパーラ霊樹の下で休み、街並みを眺めながらつぶやかれるのであった。

アーナンダよ。ヴェーサーリーは楽しい。ウデーナ霊樹の地は楽しい。ゴータマカ霊樹の地は楽しい。七つのマンゴーの霊樹の地は楽しい。バフプッタの霊樹の地は楽しい。サーランダダ霊樹の地は楽しい。チャーパーラ霊樹の地は楽しい。

（『大パリニッバーナ経』）

サンスクリット文には「この世界は美しいものだし、人間のいのちは甘美なものだ」とも記されている。ブッダは霊樹の下で真理を悟られた。その後もずっと霊樹の下で禅定行を続けられてきた。ブッダにとって霊樹は真理のふるさとであった。ただ、「ヴェーサーリーは楽しい」という言葉に私は感動を覚えるのである。入滅が間近に迫っていることを自覚されていたからこそ、目に映る光景がひときわ新鮮で輝いて見えたのかもしれない。

かつてのブッダには若さからくる峻厳《しゅんげん》な見方があった。太子であった頃、他愛もないことに一喜一憂する人びとのことが愚かに見えたことがあった。悟りをひらいて間もなく入った伽耶《がや》山《ざん》では、下界を見下ろしながら欲望の魔火に焼かれている人間界を憂えられたこともあった。

しかし、この晩年に到ってブッダの心は大きく変わっていたにちがいない。ヴェーサーリーには毎日のように踊り子の舞踊を見ながら酒を飲む商人たち、あるいは娼婦たち、さらには目先の楽しみに溺《おぼ》れて遊び歩く若者、あるいは闇夜に跋扈《ばっこ》する盗賊たちもいた。時代の発展とともに倫理も退廃し、価値観も大きく変わりつつあったが、ブッダは人間が試行錯誤《さくご》を繰り返しながらも、いつかは真理にめざめていくことを信じようとする気持ちになっておられたのだろう。

かつて抱いていた「この世は苦である」という見方が、「この世界は美しい。人間のいのちは甘美なものだ」という方向に変化したのは、苦の現実を幸福の原動力として捉える見方に変わったからにちがいない。

人間は善くも悪くも学習によってめざめていく動物である。苦しみに直面すると己を省みる気持ちも起こり、失敗があるからこそ成功を求めての努力も生まれる。溺れるからこそ泳ぐ力が生じ、火傷《やけど》を負うからこそ火に近づいてはならないという教訓を知る。今はわからなくても先でめざめることもある。

ブッダにはこうした熟成の眼のようなものが完成していたのである。青年の日に確信したものが老年の日にも同じ確信であるとはかぎらない。老いるにつれて人生の体験から会得《えとく》する悟りは一段と深みと広がりを増していくこともある。昨日の是が今日の非となり、今日の是が明日の非となることもある。私はこの晩年のブッダ老成の眼を重視するのである。それは人間否定ではなく、人間肯定の悟りであったからである。

人間には欲望も迷いもあるが、その経験値から伸びることもないわけではない。人生は試行錯誤の連続である。失敗や苦しみの原因を正しく分析し、どうすべきかを考えながら成長していくこともある。未来を信じようとするブッダの心の幅は、幾多の実学にもたらされた智慧《ちえ》の眼であった。心は執著《しゅうぢゃく》のゆえに外部の現象に翻弄《ほんろう》され苦を集積する。もし、そこに人間を信じる心があれば峻厳な物の見方は起こらない。信じるということは心を楽にしてくれる。

そして、ブッダはヴェーサーリー郊外にある大林《だいりん》精舎の重閣《じゅうかく》講堂にわずかな弟子を集めると、自分の死期を予言されることになる。

これから三カ月過ぎたのちに、修行完成者は亡くなるだろう

（『大パリニッバーナ経』）

この言葉を残してヴェーサーリーを出られたブッダは、バンダ村、ハッティ村、アンバ村などの人びとに遊説しつつガンジスの流れを渡って、マッラ国のパーヴァー村に到着された。その方角のずっと先にはサキャ国がある。仏伝にはサキャ国をめざされたという記述はないが、その道はサキャ国へと続いている。迦毘羅城の栄枯盛衰を自分の目で確かめておきたいという気持ちがあったにちがいない。

入　滅

ブッダはパーヴァー村に入るとマンゴー園の中で休まれることになった。このマンゴー園は金属細工人のチュンダという人物の所有地であった。彼は熱心な在家信者だったので、自分の家に立ち寄ってもらうことを光栄に思ってブッダを招待したのであろう。ところが、ここで思わぬ事態が起こった。チュンダが提供した食事の直後に、突き刺すような激しい痛みが腹部に襲ってきたのである。

激しい病いが起り、赤い血が迸《ほとばし》り出る、死に至らんとする激しい苦痛が生じた。

（『大パリニッバーナ経』）

症状についてはこのように簡単に紹介されているだけで詳しいことは記されていないが、「スーカラ・マッタヴァ」という食材を食べた直後のことと記されている。学者の説によると、これはイノシシの乾肉とか、イノシシが好んで食べる茸などとされているが、トリュフの一種と思われる。

おそらく病名としては、「赤痢《せきり》」だったのかもしれない。死を承知の上で弟子に食べさせず、先に食べられたという南伝の記述もあるが、それもまた誇張、潤色《じゅんしょく》の類だろう。

しかし、ブッダは何事もなかったように装ってチュンダの家を出ると、クシナーラーへ向かって灼熱の大地を歩んで行かれた。途上、激しい痛みが突き上げてきたので、木陰で阿難が敷いた衣の上に横になられた。やがて喉の渇きを訴えられると、阿難は小川の水を汲んできた。

やがて、ふたたび起き上がるとクシナーラーへ向かってゆっくりと歩まれ、途中のカクッター河で沐浴《もくよく》して身を清め、少し歩を進めて園林に入り、頭を北に、右脇を下にして足を重ねて一枚の衣の上にゆっくりと身を横たえられ、静かに語られるのであった。

「阿難よ、わたしの病気の噂が広まると、世の人びとはチュンダのことを非難するであろう。彼が捧げた食物によって世尊は病にかかられたのだから、チュンダは大きな罪を犯した、と。しかし、彼が供養《くよう》した食物はわたしが悟りをひらいた直後に供養された食物と同じくらいの功《く》徳《どく》がある。チュンダのことを非難させてはならない」

すでにブッダの肉体はぼろぼろであった。阿難も師の入滅が間近に迫っていることを感じた。これまで長く侍者を務めてきたというのに、もうブッダの謦咳《けいがい》に接することができないと思うと、悲しみに堪えられずブッダの後ろで泣いていた。

「阿難よ。泣いてはならない。人はいつか愛する者とも別れる運命にある。そのことをこれまで教えてきたが、今それが現実のものとなったのだ。長い間、おまえはよくわたしに仕えてくれたが、わたしが死んだあとも努め励んで修行を続けなさい。そうすれば遠からずして煩悩《ぼんのう》を離れ、阿羅漢《あらかん》の境地に達するであろう」

まだ阿羅漢の位には達していなかった阿難のことを不憫《ふびん》に思って、ブッダは励まされたのであった。そのとき須跋陀《すばっだ》というバラモンが真理についての疑問を解いてほしいとブッダに面会を求めてやって来た。激しい痛みに耐えられている最中であったので、阿難はその申し入れを断ろうとしたが、二人の問答を聞いておられたブッダはこれを許し、一つひとつ丁寧に須跋陀の疑問に答えられるのであった。そして須跋陀は最後の弟子になった、と仏伝に記されている。

ついにクシナーラーの地に最期の夜が巡ってきた。沙羅双樹《しゃらそうじゅ》の下に臥《ふ》されたブッダを煌々《こうこう》と照らす満月の下には、入滅が近いという噂を聞きつけたマッラ国のクシナーラー城内の人びと、そして近郊を遊行《ゆぎょう》していた比丘《びく》たちが三々五々と集まって来た。沙羅双樹の下には師の最期を見守る阿難と阿那律《あなりつ》と、その周りを囲む数人の比丘たちの姿が映し出されていた。

ブッダは歩み越した八十年の生涯をしみじみと振り返られたことだろう。悩みに沈んだとき、希望に燃えたとき、つらく悲しい思いをしたときもあったが、それもまた懐かしい人生の起伏であった。自分のいのちと引き替えに亡くなった母の摩耶《まや》、期待を裏切ってしまった父の浄飯《じょうぼん》王も亡くなり、耶輪陀羅《やしゅだら》も摩訶波闍波提《まかはじゃはだい》も他界し、舎利弗や目連も先立った。頻婆沙羅王、波斯匿王をはじめ祇陀太子、須達多《すだった》など、これまで自分を支えてくれた懐かしい人びとの面影も脳裏によぎったにちがいない。加えて祖国も滅んでしまった。人も国も一切は栄枯盛衰、諸行無常の理《ことわり》から免れることはできなかった。

悲愴な表情で見守る弟子たちの顔をブッダは静かに見回された。

「比丘たちよ。もし仏について、法について、あるいは僧伽についての疑問があるならば、今のうちに問うておきなさい。後悔してはならぬ」

しかし、すすり泣くばかりで誰も何も尋ねなかったので、機が熟したと見たブッダは次のように最期の言葉を発せられた。

さあ、修行僧たちよ。お前たちに告げよう、「もろもろの事象は過ぎ去るものである。怠ることなく修行を完成なさい」と。

（『大パリニッバーナ経』）

齢八十。波瀾万丈の果てにブッダは薪尽きて火が消えるように入滅された。私はその時期を紀元前三八二年二月十五日と推定している。

さきにも述べたが、仏教ではブッダ生存中の涅槃《ねはん》を「有餘《うよ》涅槃」、すべての欲望や執着が断たれた死後のことを「無餘涅槃《むよ》」と表現している。そのちがいは死によって一切の欲望が無になるからである。そこが永遠の解脱《げだつ》の宙《そら》であったことは言うまでもない。

今、クシナーラーの涅槃堂の中には大きなブッダの涅槃像が祀《まつ》られている。インド僧が奏でるサーランギという楽器の音色がもの悲しく響く中、朝霧に煙るこの涅槃堂の堂内を訪ねたとき、私には無言の説法が伝わってきた。

「起伏はあったが、楽しい人生であった」

ちなみに、ブッダが入滅されてからは、荼毘《だび》に付された仏舎利を巡って、諸部族、王、バラモンたちの間で争奪戦が起こり、ドーナというバラモンが仲裁に入り、仏舎利はそこに居合わせていた人びとに八等分された、と伝えられている。

沙羅の花に寄せて

ところで、入滅直前のブッダの体に沙羅の花びらが舞い降りてきたというエピソードがある。沙羅の木は北インドからヒマラヤ山麓地方にかけて分布し、二月の末から三月の初め頃にかけて直径三センチほどの白く可憐な花を咲かせる。そのときのブッダの言葉が次のような美しい詩句形式で綴られている。

紫金《しこん》の華《はな》、輪《わ》の如《ごと》くして仏に散ずるも未だ供《く》を為さず。
陰界《おんかい》、無我《むが》に入る乃《すなわ》ち第一の供となすと。　（『長阿含経《じょうあごんきょう》』）

（たとえ紫金の花びらが、輪のようになってわたしの上に散ってくれたとしても、それはまだ真の供養ではない。それよりも、みんながそれぞれの現身《うつしみ》の無我に悟りを染み込ませてくれることがわたしにとっては最高の喜びである）

これはブッダに舞い降りた沙羅の花びらを見た阿難の質問に答えられた教えであるが、その前に阿難がブッダに尋ねているくだりがある。

「この花はいったい誰の供養でございましょうか？」

「沙羅の精霊の供養であろう」

こうして供養についての話になったとき、阿難はブッダが望んでおられる供養について質問したというのである。その問いに対してブッダは答えられた。

「よく法を受け、よく法を行《ぎょう》ずる者、これ如来《にょらい》を供養するなり」

その後に、この詩句を述べられたのであった。ここで、「よく法を受ける者」、「よく法を行ずる者」が如来への最高の供養であるという意味を考えてみたいのである。

一般的に「供養」というと、亡くなった人の慰霊を指しているが、じつは供養の本来の意味はブッダの教えを学び、それを実践することにあったのである。祖先崇拝が篤かった日本では浄土思想の普及とともに死者のことを「ホトケ」と見なすようになったが、本来死者は死者、仏は仏なのである。

ところで、ブッダ入滅後の仏教徒はさまざまな形式や方法で供養をしてきた。ある者は仏像や仏塔の前に灯明を点したり、香や献花を欠かさないよう心がけたり、経典を唱えたりしてきた。

たしかに敬虔《けいけん》な気持ちで仏前に額ずく姿には美しいものがある。だが、ブッダは「陰界、無我に入る乃ち第一の供となすと」と遺しておられる。つまり「よく法を受ける者」、「よく法を行ずる者」、「陰界の無我に入る」ことが最高の喜びである、ということである。

「陰界」というのは「色《しき》・受《じゅ》・想《そう》・行《ぎょう》・識《しき》」という五陰の世界のことで、物質という「色」、感覚器官の「受」、心の中に浮かぶ心象としての「想」、欲求という心の走りとしての「行」、そして意識としての「識」のことである。

したがって、「陰界、無我に入る」という意味は肉体の中にある自分に染み込むということである。それを私はひらたく「現身の無我」と解釈している。

さきにも述べたように、無我というのは「自分というものは無い」ということである。人間は自分自身のことを「わたし」と呼ぶが、それは一般的に「顔かたち」のことである。人は鏡に映る自分の容姿を自分自身であると思っているが、その肉体も顔かたちも変化していき、最後は灰になってしまう。

してみると、形としてはあるように見えるけれども、形に本来の自分は無いのである。肉体としての自分はあっても意識としての自分は無い。こんなときが嬉しくて、こんなときが悲しくて、こんなことが好きで、こんなことが嫌いで、こうありたいと思う感情や意志という意識に「わたし」という実在の本質があると考えられていた。

ただ、その「わたし」に蓄積された業が苦や罪をもたらす。これは例えば太陽の光を遮《さえぎ》る雲のようなものであり、生まれる前から注入されている宇宙意識を遮断《しゃだん》している悪想念である。この悪想念については経典に次のように記されている。

己の成した悪事を隠そうとする「覆《ふく》」
己を粉飾して他を欺《あざむ》く「誑《おう》」
自らの罪について自らに恥じない「無慚《むざん》」
自らの罪について他者に恥じない「無愧《むき》」
自分より上の者にへつらう「諂《てん》」

人を妬む「嫉《しっ》」
物惜しみする「慳《けん》」
思い通りにならない相手や物事に憤《いきどお》る「忿《ふん》」
怨《うら》みを引きずる「恨《こん》」
おごり高ぶる「憍《きょう》」
衝動的に起こる怒りの「瞋《しん》」
足るを知らない「貪《どん》」
目先の欲にとらわれる「痴《ち》」
心が無軌道に動く「放逸《ほういつ》」
自分を怠けさせる「懈怠《けだい》」
他に対する優越観から起こる「慢《まん》」
人や物事を疑ってかかる「疑《ぎ》」

むろん、きれい事だけでこの世は渡れないが、この悪想念が人間のみならず動物や植物への輪廻《りんね》を促す。それを超えて永遠の真理に安住するために、ブッダは自分が悟った法を仏弟子の心に染み込ませることを遺言とされたのだろう。

人間にはとどまることのない欲望もあるが、美しい心もある。謙虚に自分を反省したり、世話になった人に感謝したり、人を思いやる愛や慈悲の心もある。じつは、人間の心には苦や罪を溶かす力が宿っているのである。いかなる業も溶解する真理の法は宇宙意識として存在している。自分の悪業を打ち消す光明は自らの心にある。ただ、それに気づいていないだけの話である。

したがって、人間それぞれが招いている苦である以上、自分の心がけ次第で苦の闇は消滅できるのである。その心の闇を除くためにブッダは法の灯明を掲げられたのであった。

「まもなく自分は入滅するけれども、これまで説いてきたことを思い出し、自分の心に染み込ませなさい。法をよりどころとして鍛えられた自分をつくりなさい。そうすれば生老病死《しょうろうびょうし》の諸苦《しょく》から免れることができるだろう」

ブッダの真理は、五官に翻弄《ほんろう》される心の闇を照らす法の灯明であった。

人はこの世に生まれて以来、さまざまな困難と戦いながら人生を終える。そこには勝利もあれば敗北もあるが、巨万の財を成し、地位を築いたとしても心が歪《ゆが》んでいれば、それは敗北なのである。実際の行動に移すことはむずかしく、悪とわかっていながら自分の悪事を隠そうとしたり、周囲の評価を恐れて保身に走ったりすることもある。ただ、いつかは欲望や虚飾の垢《あか》を剝離《はくり》させる時期が到来する。そうでなければ、本来は死ねないようになっているのである。

紀元後二世紀に出てきた龍樹《りゅうじゅ》という僧は、ブッダの無我観に立って一切のものを「空《くう》」の所産と説いている。すべては変化の中にあるが、変化するものも変化させるものも奥にあるものは「空」である。死に向かって生きている人間は、誰もが死後において空に帰らねばならないが、意識に蓄積された邪念を排除しなければ空の世界に入れないのである。空という真理に帰るためには、この世にいるうちから生きる目的、人生の意味というものを正しく心に刻んでおきたい。

もはやブッダの姿はないが、法真理はある。この真理は、ことさらに仏教を学ばなくても、日常生活の中に生じるたくさんの気づきや反省にも存在している。謙虚な反省と感謝と思いやり、そして困難や苦しみを打開する智慧は、心の闇を消す灯明なのである。そうした「宇宙意識」を取り戻すことによって、ブッダは調和と発展の地上を築こうとされた。よって、ブッダの真理は永遠に不滅である。無常有限の人間が常住無限の宇宙意識に一如《いちにょ》することに人生の意味を置かれたブッダの教えは普遍的な真理である。

人類がいかに物質的な進歩を遂げようと、そのことによってのみ幸福と平和が担保されると考えるのは蜃気楼《しんきろう》のような幻想ではないだろうか。たとえ脳の仕組みが解明され、宇宙生成の謎が解明されようと、人類の精神的向上とはまったく無関係である。一人ひとりの意識改革なしには希望ある文明は到来しない。

人間は幸福を常に求めるけれども、それが達成されると次の幸福を追求したくなる。その結果、達成されるものとの間に次々に距離が生まれる。そして、その距離を縮めようとして苦しむ。際限のない欲望によって焦りや不満が生じる。してみれば幸福と欲望は大いなる矛盾である。よって、人間に内在するとどまることのない欲望という矛盾に解決を与えるもののみが、これからの人類の幸福と発展をもたらすのである。

その鍵は人間はなぜ生まれ、いかに生きるかというシンプルな問いに答えてくれるブッダの真理にある。その真理は宇宙意識を取り戻す法にあったのである。

Ⅶ　現代へのメッセージ

死後は「空」に帰らねばならない

日本の戦国武将たちは戦場に赴くとき、真新しい褌《ふんどし》をしめ、甲冑《かっちゅう》の下に白衣をつけ、銭袋を提げた。汚れた褌は恥辱《ちじょく》、白衣はあの世への死装束《しにしょうぞく》、銭は戦場に斃《たお》れたとき村びとに葬られる場合の世話料、あるいは三途《さんず》の川の船賃とも考え、死に際の面目まで考慮しておくのが武士の習いでもあり、美学でもあった。

どのような聖者であろうと、死のカタチは選択できない。その証拠に偉大なブッダといえども赤痢《せきり》で入滅されたのである。「ブッダともあろう人が、どうしてそんな病気にかかられたのか?」という疑問が湧くかもしれないが、それは観念の為せる業《わざ》である。ブッダには形式的な美学など無関係であった。癌《がん》であろうと脳溢血《のういっけつ》であろうと、死のカタチは問題外なのである。『法華経《ほけきょう》』に、「現世安穏《げんぜあんのん》　後生善處《ごしょうぜんしょ》」という経文《きょうもん》の一節がある。これはこの世も安穏、死後の世界も善い場所へ行くという意味である。「だから、お題目を唱えればいい」というわけではない。これは浄化された宇宙意識を取り戻すための一つの行法《ぎょうほう》にしかすぎない。生前の意識は死後の世界につながっている。死後、「空《くう》」に帰るためには心が浄化されていなければならない。一切の修行の目的は、霊魂《れいこん》に正念《しょうねん》という叡智《えいち》を集約するためにある。千巻の経を唱えようとも、反省や感謝なき読経《どきょう》はなんの意味もない。

　私はいくつかの幽霊体験をしたことがある。その中で最も強烈な印象として残っているのは、死んでいるのに生きていると主張する幽霊がいたことである。

　場所は山奥の霊場であった。研修会の一日の講義が終わって眠りに就いた深夜、足元に見知らぬ女性がボーッと坐っていた。下はジーンズ、上は白いTシャツ姿でうつむいていた。鍵をかけて寝たので、すぐに幽霊だと直感した。彼女はうつむいたままの表情で悲しそうにつぶやいた。

「わたしは　どうすれば　いいんでしょうか……」

「君は死んだのだから、ここにいてはいけない」

「しんでなんか　いません　いきています……」

「いや、君は死んだのだ」

「しんでなんかいません……。では　どうすれば　しねるんですか　しなせてください」

　泣きながら私にすがりついてきた。彼女はどこに逝けばいいか、逝き先がわからずに迷っていた。

　眠れないまま迎えた翌朝の講義の冒頭でそのことを切り出すと、手を上げた男性がいた。姿かたちを説明するうちに、彼の身内であることがわかった。水商売をしていた彼女は暴力団から殺され、救われたくて彼について来ているようであった。

しかし、死後数百年もたっているというのに、依然としてこの世を迷っている霊もないわけではない。かなり昔のことになるが、私の寺の尼僧が恐怖の体験をしたことがあった。ある夜、行堂で一人休んでいると正面の扉が静かに開き、ざんばら髪の武将が奥方らしき女性を従えて枕元に立ったことがあった。額からは血を滴《したた》らせ、刀を杖がわりにして足を引きずりながら近づき、「水を、くれぃ!」としゃがれた声で懇願したという。

それから三十年が過ぎて、寺の裏山をひらいて建物をつくるために数人の大工が境内の住宅に泊まり込んでいるとき、その中の二人が武将と奥方のような女性が部屋に入って来る姿を二日連続して見た、と朝食のときに大騒ぎしていたことがあった。

「それでどうした?」

「この人はブルブル震えていましたがね。祈禱《きとう》で撃退しましたよ」

大工の一人が横の大工のことを笑いながら語った。もと真言宗の僧侶だったということもあって、彼は自慢げに説明した。その奥方については、かつて尼僧が見た女性と同じ人物のように思われた。寺の裏山には戦国時代の古城の址《あと》がある。寺の一帯も古戦場である。同族の裏切りで落城して四百二十年が過ぎていたが、無念の気持ちが晴れず、さまよっているようであった。その後、お観音さまの石像を建て、懇《ねんご》ろに弔《とむら》うようになってからはそんな話も聞かない。

死後の世界を信じない人の決まり文句は共通している。

「死んだら無になる」

だが、すべての人が無になれるわけではない。未練や憎しみを持ち続けていたり、死の自覚がなかったりすると、現世に縛りつけられて無や空に帰れないのである。私はこの種の「臨床例」を四十年にわたって集め、研究してきた。

しかし、ブッダは死後のことについては言及を避けられた、という見方がある。経典《きょうてん》には記されていない、つまり「無記《むき》」というのが現代の仏教界の通説になっているわけであるが、その根拠は、南方の仏伝の「毒矢の喩《たと》え」というエピソードにある。これは若い沙弥《しゃみ》が「世界は有限か無限か」、「如来《にょらい》の寿命は死後も存続するかどうか」という質問をしたときのブッダの回答から起こっている。

「毒矢に射られた者が、矢を射た者はどこの種族か、名前は、弓の種類は、弦はなんの弦か、鏃《やじり》・矢の幹と羽はどんな種類のものから作られているか、それがわからないうちに矢を抜いてはならないというのなら、毒が体中にまわって死んでしまうだろう」

ブッダとしては、「そんな理屈を考えないで罪障《ざいしょう》消滅の修行をしなさい。すぐに年を取って死んでしまうぞ」と忠告されたにすぎない、と私は思うのだが、どういうわけか、この「無記」なるものが一人歩きをして、霊魂や死後の世界の存在まで否定されたことになってしまっているようである。だが、そもそも葬儀や法事というものは霊魂実在の上に立って行う儀式のはずである。

霊魂や死後の世界があることを信じている僧侶もいないわけではないが、宗派の考え方と異なることを言うのはタブー視されているようである。これは宗派の教義の手前、あまり堂々と言えない状況も政治の「党議拘束」のようなものに似ていて、不可解な現象である。

加えて、比較的に忠実にブッダの真意を伝えていると見なされている原始仏教経典を用いている南方の仏教諸国でも、ブッダは霊魂や死後の世界を否定されたという見方に立っている。

では、それが事実かどうか、ブッダの言葉として伝えられている原始仏教経典を探ってみた。

不實《ふじつ》を語る者は地獄《じごく》に堕す。或《あるい》はまた〔自ら〕為して、我為さずと言ふ者も〔地獄に堕す〕。之等《これら》両種《りょうしゅ》の悪業者《あくごうしゃ》は、死後《しご》他世（地獄）に於て同等なり。

（『ダンマパダ』）

袈裟《けさ》を頸《くび》に纏《まと》ふも、悪を行ひ節制《せっせい》なき者多し。かゝる悪人はその悪業によりて地獄に堕す。（『同　前』）

放逸《ほういつ》にして他人の妻を犯す人は、〔次の〕四事に達す。罪業《ざいごう》を得ること、安臥《あんが》せざること、第三に誹謗《ひぼう》、第四に地獄。（『同　前』）

また、摩訶男《まかなん》という人物から、「死んだらどうなるか」という質問を受けたとき、次のように答えられている。

恐れてはならない、マハーナーマよ。恐れてはならない、マハーナーマよ。お前の死は悪くないものになるだろう。お前の死没は悪くないものになるだろう。マハーナーマよ、長期にわたって心が信仰で満たされ、心が善き生活習慣（戒）で満たされ、心が聞き学んだことで満たされ、心が喜捨《きしゃ》で満たされ、心が智慧《ちえ》で満たされている者が誰かいるとして、その者の身体〔つまり〕色と形を有し、四大要素からなり、母親のものと父親のものから生まれ、飯《めし》と粥《かゆ》の積み重なりであり、恒常的ではなく磨耗《まもう》・摩滅《まめつ》・破滅《はめつ》・消滅《しょうめつ》するという性質をもつ身体を、ほかならぬここで烏《からす》たちがついばむとしても、あるいは鷲《わし》たちがついばむとしても、あるいは鷹《たか》たちがついばむとしても、あるいは犬たちが齧《かじ》りつくとしても、あるいはジャッカルたちが齧りつくとしても、あるいはさまざまな生き物たちが齧りつくとしても、長期にわたって信仰で満たされ、善き生活習慣と聞き学んだことと喜捨と智慧とで満たされていることの者の心は、上に赴くものとなり、別のところに赴くものとなるのである。

（『サンユッタ・ニカーヤ』）

これらからすると、ブッダが霊魂や死後の世界の存在を否定されてはいないことがわかるだろう。では、なぜ仏教界が霊魂否定という、ブッダの考え方と真逆の方向に変化していったかというと、ブッダの「無我観《むがかん》」というものについての誤解が生じたからのようである。

ブッダ本来の無我観は、「一切の存在はすべて縁に生じている。自分というものは多くの人びとや事象に支えられて存在している。よって自分という物質的な存在はない。あるのは意識生命体としての自分である」という意味なのであるが、「無我」というものが「霊魂はない」という解釈に変化していったのは、これまたブッダ入滅後の二百年から三百年ぐらいの、いわゆる部派仏教時代、さまざまな「論」が形成された頃であった。そこには三つの理由があったと考えられる。

一、ブッダが輪廻《りんね》から解脱《げだつ》された人物であったので、その仏教の価値を説き広めるうちに業《ごう》の担い手である「我」を否定しなければならなくなった。

二、説一切有部《せついっさいうぶ》などの上座部の「有我説《うがせつ》」を打ち崩すために我を否定しなければならなくなった。

三、当時の物質的繁栄の中で、自己や財物に執着している大衆の価値観をひっくり返すために極端な言い方をする必要があった。

ブッダは太子の頃、輪廻を説くウパニシャッドを学び、バラモンの祭式の光景にも霊魂の存在を確認されていた。当時のバラモン教は霊魂のことを「アートマン」と名づけ、これが輪廻の主体と考えていた。あの苦行《くぎょう》のときも、母の摩耶《まや》がブッダの健康を案じて天から下って来ているし、そもそも輪廻を超えてブッダは解脱されたわけであるから、霊魂の存在を否定されていたと見なすのはまったく整合性がないのではないか。

むろん、死後のことや来世のことよりも現世の方が大切であるという考え方を、ブッダが持っておられたことはまちがいない。

過去を追はざれ。
未来を願はざれ。
凡《およ》そ過去せるもの、そは已《すで》に捨《しゃ》せり。
且《か》つ未来は未だ至らず。
而《しか》してかの現在の法を
各《おのおの》の處《ところ》に於てよく観察《かんさつ》し、
搖《ゆら》ぐなく、また動《どう》ずるなく、
そを了知《りょうち》して修習《しゅうしゅう》せよ。
たゞ今日應《まさ》に作《な》すべきを熱心《ねっしん》に〔作せ〕。
誰か明日の死〔ある〕を知らん。

（『マッジマ・ニカーヤ』）

ただ、この言葉は生と死を区別して説かれているわけではない。生と死は意識をとおしてつながっているので、闇に堕ちていくことがないよう、現世での意識に「真我《しんが》」を確立するよう戒められているのである。

ところで、中国の天台大師・智顗《ちぎ》という僧は語っている。

智目行足《ちもくぎょうそく》をもて清涼池《しょうりょうち》に到る。（『妙法蓮華経玄義《みょうほうれんげきょうげんぎ》』）

「智目」とは「無明《むみょう》」に対峙《たいじ》する意味である。つまり、自分がなぜこの世に生まれてきたのか、何を求めて生きればいいのかを知る「智慧の眼をひらけ」という意味である。また「行足」とは、そこに向かって歩もうとする「意志の足を持て」という意味である。意志には「足」がある。目的達成に向かう「足」がある。これは宇宙意識に戻ろうとする「心の足」である。

一方、「清涼池」とは宇宙意識のことを意味している。反省や感謝、思いやりという心のユートピアに人生の目的と方向をしっかり定めて生きよ、ということである。

しかし、現代は死のことなど考える暇もないほど忙しい。縁起《えんぎ》でもないことは考えたくないし、まだしばらくは生きているだろうという希望的観測のままに思考を停止しているかに見える。だが、人間は日々に死の領土に近づいている。もし、あと半年の命と宣告されるならば、一瞬、一瞬に濃密な生が起こるはずである。お世話になった人への感謝や過去の反省などが無意識的に起こってくるはずである。それが「空」に帰る条件である。

死ぬと分解されて「空」の世界に帰らねばならないというのに、そうなれない霊魂がいることを私は知った。罪のレベルによって赴く世界が異なることを知った。闇の世界、光の世界があることも知った。

何も努力することなく「死ねば空」、「生きることに意味はない」と語る人には言うべき言葉もないが、遠からずして訪れる死を踏まえ、良心の声に従って自己を確立せよというのが、現代に放たれているブッダの根本的なメッセージである。

人生には苦しいことがたくさんある。悲しいとき、つらいときは落ち込むこともある。だが、冷たい氷も、溶ければ水になる。人間はいつまでも沈みはしない。沈むからこそ上昇する浮力も大きい。ブッダの真理は、苦しみや悲しみから自己を解放することにある。「所在、是《こ》れ道場なり」。人生は「空」に向かって心を上昇させる道場なのである。

思い方一つで苦しみは軽減できる

ブッダは、すべてがそれぞれに関連し合いながら変化のうねりの中に存在している事実を悟られた。生老病死《しょうろうびょうし》という人生の変化、興亡、盛衰と移り変わる世の中。こうやって筆を執っている間にもすべてが刻々と音も立てずに変化している。

来る者にも歓喜せず去るも亦《ま》た憂慼《ゆうせき》せず　染まず亦た憂《うれ》無く二心倶《とも》に寂静《じゃくじょう》なり。

（『雑阿含経《ぞうあごんきょう》』）

ここで、「倶に」というところに私は注目するのである。「来る者」というのは入門する弟子のこと、「去るも」とは僧伽《そうぎゃ》を離れていく弟子のことを意味している。ブッダへの不審を抱いた五百人の弟子がいったんブッダのもとを離れたとき、ブッダは「去るもまたよし」と、淡々とした心境に立っておられたようである。

嬉しいことを静かに受け止めることはできても、さみしさや悲しみを静かに受け止めることは容易ではないが、ブッダは「倶に寂静」であった。嬉しいことに喜び、悲しいことに泣くのは人間らしい感情ではあるが、喜びも長くは続かず、悲しみの次には喜びが来るバイオリズムが人生の流れである。

若い人がスターたちを追い回し、彼らの歌や踊りにキャーキャーと騒ぐ。そういう時期は誰にでも少なからずある。だが、大人になると騒ぐ気になれなくなる。それは大人になるまでの間に、経験値による冷静な眼が養われてくるからである。

人生には想定外のことが突如として降りかかったり、悲しみに突き落とされることも訪れるが、考えてもどうにもならないことがたくさんある。考えて解決するような問題ならいくらでも考えたらいいが、思考停止に陥ってしまうことが少なくない。したがって、いずれは悲しみが襲うことを念頭に置いて物事に備える方がいい。

物事は思うように運ばないという意識があれば、うまくいかなくても悲しみは起こらないし、手筈どおりにいったときは感謝もふくらむ。心を広くひらいておいて結果を受け入れる気持ちがあれば一喜一憂することもない。「冬」の到来を念頭に置いて「春」を楽しむ。それが平安な人生をもたらす心構えである。

人間最大の執着は我が子のことである。

ずっと以前、子どもを交通事故で喪《うしな》った母親の相談を受けたことがあった。立ち直ることができずに絶望に陥っておられた。

この種の話はブッダの時代もあって、コーサラ国の舎衛《しゃえい》城に住んでいたキサーゴータミという女性についてのエピソードが残されている。貧しい家に嫁いだ彼女にとって、唯一の宝は、生まれたばかりの愛らしい男の子であった。ところが、その子が歩き回るようになった頃、ふとしたことから死んでしまった。

彼女は悲しみのあまり、その子を葬ることができず、自分の背中に背負いながら街を歩き、出会う人ごとに「この子に薬をください」と、狂ったように頼むのであった。ある男がその様子を哀れに思い、祇園精舎《ぎおんしょうじゃ》にいるブッダのもとへ相談に行くよう勧めると、ブッダは次のように教えられた。

「ゴータミよ、よく来た。そなたを救ってあげよう。その代わり、街に行って家々を一軒ずつ訪ね回り、カラシの種をいただいて来なさい。ただし、死人を出したことのない家からもらって来なければならない」

彼女は家々を訪ね回ったものの、カラシの種を持っている家はあっても、死人を出したことのない家は一軒もないことに気づいた。そこでブッダは説かれた。

「ゴータミよ、人間の死は誰も免れ得ないのである。死王という者は眠っている村を洪水が押し流すように忽然《こつぜん》とやって来るのだ」

ブッダは世の現実に触れさせることで人生の無常を認識させようとされたのであろう。

親にとって、わが子は最高の宝であるが、どんなに愛しくても、子どもは「我が物」ではない。我が物と思っていても、いずれは手元を抜けていく。これは本縁ではなく、仮の縁なのである。腹を痛めて産んだのだから自分の物と思いたいところだが、腹を貸し、神さまから預かった宝だと考えたい。冷たく接するというわけではない。預かりもの、仮の縁という思考くらいでちょうどいいのである。

「わたしの子ども」という所有欲が強ければ強いほど、喪ったときの苦しみ、袂《たもと》を分かつときの悲しみが大きくなる。愛には与える愛と奪う愛があるが、仏教でいう愛は苦しみを引き起こす奪う愛のことである。

「雪山童子《せっせんどうじ》」というブッダの前生譚《ぜんしょうたん》がある。

雪山童子と呼ばれていた若い修行僧がヒマラヤの山中で悟りをひらこうと苦行に打ち込んでいた。その様子を天から眺めていた帝釈天《たいしゃくてん》という神は、「この者の苦行は本物なのだろうか?」と疑問を持っていた。それまで悟りをひらこうと求道に励む者は多くても、ほとんどが途中で放棄してしまっていたからであった。

そこで帝釈天は試してみることにして、見るも恐ろしい羅刹鬼《らせっき》に姿を変えて童子の前に現れ、前世の仏が説いたという偈文《げぶん》の半分を童子に声高らかに唱えた。

「諸行無常《しょぎょうむじょう》　是生滅法《ぜしょうめっぽう》」

これを聞いた童子は、「この生滅する世界の法真理は、すべての存在は移り変わるということである」と考えた。しかし、それだけではどう生きればよいのかわからず、残りの半偈文を知りたいと思った。

「もし、残りの偈文を説いてくださるならば、あなたの弟子になります」

「ふむ。気持ちはわかった。だが、条件がある。聞いた後にそなたの肉体を食べさせてくれるなら説いてやってもいい」

「わかりました。約束します」

そこで羅刹は残りの半偈を説く。

「生滅滅已《しょうめつめつい》　寂滅為楽《じゃくめついらく》」

この半偈を聞いた童子は悟った。

「移り変わるものを強く握りしめようとするから苦しむことになる」

寂滅の境地に真の楽があると悟り終わると、童子はそれを岸壁に刻み、高い木から地上へ身を投げた。ところが羅刹は帝釈天の姿に身を変えてその体を受け止めると大事に地上に置いた。この雪山童子が輪廻転生《てんしょう》によってブッダという聖者に生まれ変わったというエピソードである。

すべては変化している。諸行無常の世であれば、ある程度の無常観をもって物事に接する癖をつけておく方がいい。人の心も常に変わる。いかに相手のことを思ってしてあげても裏切られることがある。信じていた相手から振り切られたときの悲しみは大きく、正しいことが通じないと怒りや恨めしさも募ってくる。

したがって、手を振り切られてもいいくらいに軽く接していく。汗ばまない程度に軽く握る。手を振り切られてもいいくらいに、さらさらと接していくと悲しみも怒りも半減する。ここでもう一度、挙げてみる。

来る者にも歓喜せず去るも亦《ま》た憂慼《ゆうせき》せず　染まず亦た憂《うれい》無く二心俱《とも》に寂静《じゃくじょう》なり。

（『雑阿含経』）

この意識を持ち合わせておけば苦しみは半減する。これは無常の現世を生き抜く上でブッダが悟られた叡智の一つでもある。人生には悲しいこともあるが、だからといって絶望に沈まない。仏像の半眼は苦しみの軽減を物語っている。

自他ともに、そして未来を踏まえて生きよ

『人は死ねばゴミになる』（伊藤栄樹《しげき》）という本がある。元検事総長であった著者は奥さまに次のように語っている。

「（略）僕は、神とか仏とか自分を超えたところに存在するものにすがって心のなぐさめを得ようという気持ちには、とうていなれそうにない」（略）

「僕は、人は、死んだ瞬間、ただの物質、つまりホコリと同じようなものになってしまうの

だと思うよ。死の向こうに死者の世界とか霊界といったようなものはないと思う。死んでしまったら、当人は、まったくのゴミみたいなものと化して、意識のようなものは残らないだろうよ」

それに対して奥さまは言う。

「でも、あなたのような冷たい考え方は、いやよ。死んでからも、残された私たちを見守っていてくれなくては、いやです」

そこで彼は答える。

「死んでいく当人は、ゴミに帰するだけだなどとのんきなことをいえるのだが、生きてこの世に残る人たちの立場は、まったく別である。僕だって、身近な人、親しい人が亡くなれば、ほんとうに悲しく、心から冥福を祈らずにはいられない。それは、生きている人間としての当然の心情である。死んでいく者としても、残る人たちのこの心情を思い、生きている間にできるかぎりにこれにこたえるよう心しなくてはなるまい」

本のタイトルだけを見たときは拒否反応のようなものを感じたが、この一節に触れたとき、死後のことはともかく、全体の場に生きている人間としてのありように価値を置いていることがわかって少し安心した。

彼が言っているように、残る人たちの心情を思い、生きている間はできるかぎりに期待に応える努力をすれば、満足や充実した人生がひらけることはまちがいないだろう。ただ、現実的には目先の楽に流れ、人生の意味や目的を考えない人びとが増えてきた。

若い頃のブッダは人びとを救済、教化《きょうげ》するに当たり、冷めた目で世の中を眺めておられた。智慧ある者、この世を憂える者からすると、ただ好きなことを楽しみながら人生を終えられたらよいと考えている人びとのことを、目先の喜びを食べている呑気《のんき》で無知な人間と見ておられた。

愚者は常に喜悦すること　亦光音天《またこうおんてん》の如し
智者は常に憂ひを懐《いだ》くこと　獄中の囚《とらわ》れに如似《に》たり。
（『増一阿含経《ぞういちあごんきょう》』）

（愚かで智慧のない者はいつも、訳もなく喜んでいる。これは光音天という神のようなものである。だが、智慧のある者は牢獄にいるかのように苦しんでいる）

死に向かって生きているという自覚もなく、働くために生まれてきたかのような人びとを見て、ブッダはめざめたがゆえの峻厳《しゅんげん》な眼で哀れみをかけておられた。それも人間を真実の姿に戻したい、真理の刃でめざめさせたいという救済者としての情熱ゆえであったが、老いとともに現実を受容する眼が熟成されていったようである。

私にはあのヴェーサーリーの街を眺めながらブッダがおっしゃった言葉が浮かび上がる。

「この世界は美しいものだし、人間のいのちは甘美なものだ」

かつてこの世を醜いもの、人生を苦の連続と見ておられたブッダが、この世を美しいもの、人生を甘美なものとして受け止めるようになられたのは、生への未練や感傷から言っておられるのではなく、人の世や人生を肯定する言葉である。真逆ともいえるこの意識転換は、救済、教化の人生の中で現実を受け入れざるを得ない諦観《ていかん》の境地に熟成されたものにちがいない。

ブッダは凡夫の無知を無邪気と受け止め、試行錯誤を成長への過程と考えられたのだろう。子どもは幼稚であるがゆえに物事を深く考えることはできないが、大人になるにつれてめざめるものである。

これは余生についても考え方の変化を起こしていく。自分のことしか考えない大人であっても、「このままでは死ねない」、「余生を社会のために尽くしたい」と、全体の場に自己を還元しようとするめざめが起こってくるのである。

水滴という小さな個我《こが》が水蒸気となって虚空《こくう》に昇って雲になり、そこから下って雨になって地上を潤すように、人間の心にも真理の法輪がある。それはお金になるから、知名度を上げるためなどという欲ではなく、自分ができることで精いっぱい社会のために尽くそうとする尊い気持ちである。

もともと人間には自己一身のことだけを考えていてもどこかに虚しく、人のために尽くしたいと願う美しい意識が宿っている。自分を社会化することによって自己の存在感を見出すという感情は、人間のみに注入された宇宙意識の作用によってもたらされる。

人のために尽くしたところで報われないこともあって、しなければよかったと後悔することもあるが、できる範囲でいい。与える喜びといっても濃厚な善意は避け、さらりとした善意で臨めばいい。押しつけではなく、負担を感じさせないくらいの親切が美しい。大きなことや華々しいことなど考える必要はない。少しでも社会に自分を還《かえ》そうとする気持ちになれば真理の流れに入るのである。

たとえ短く生涯を閉じても、がんばった生き方には真の満足感がある。この真の満足感というものは宇宙意識の歌声のようなものである。人の苦しみや痛みを可哀相に思う気持ちも、自分のわがままや罪を反省する気持ちも、向上しようという心も、人のために尽くそうとする心も宇宙意識の歌声である。

ブッダは、人間が自分を社会に還元することをメッセージとして放っておられる。経文には、それを「菩薩《ぼさつ》の布施波羅蜜《ふせはらみつ》」と示しているが、これはことさらに仏教的なことではない。自分のことだけを考えず、全体の「場」を無私な広い心で認識し、現在の行為が将来に生む結果を考え、どうすれば自他ともに、そして未来を生きる人びとのことも含めて幸福であり得るかを考えて行動したい。

心の業の「ヒマラヤ」は超えられる

「自分を変えたい」と思う人は少なくないはずである。だが、考え方や思い方はそう簡単には変わらない。変えようとすればするほど苦しくなる。業の圧力がそうさせるのである。

ところで、ヒマラヤ山脈は総全長二四〇〇キロにわたって七、八〇〇〇メートル級の百峰以上もの山々から成っているが、ヒマラヤの「ヒマ」には「雪」、「アラヤ」には「蔵《くら》」という原意がある。紀元四〇〇年代、このヒマラヤをモチーフにした「阿頼耶識縁起論《あらやしき》」という思想が起こった。この「阿頼耶」というのは「アラヤ」のことである。

この思想は「唯識思想《ゆいしき》」とも言われているが、北インドに生まれた無著《むぢゃく》と世親《せしん》という兄弟が大成させた大乗仏教の根幹をなす思想の一つである。ヒマラヤに氷河の蔵があるように、人間の意識というものは知覚によって心の蔵に蓄積されていく、と二人は説いた。

人間は視覚、聴覚、臭覚、味覚、触覚という五官をとおして、物事の判断を下す。ところが、そのようなこだわりが日常に蓄積され、善も悪も業となって集積していき、ヒマラヤの雪のように保存されていく。そして保存されたものが外部の知覚に反応しながら業の蓄積を繰り返し、

「わたし」という自我意識を形成していくというわけである。物心つく頃から体験した印象や感情は、潜在意識の中に自然に蓄積されている。良いことも悪いことも蓄積され、それが個性化していくのである。それを変えようとするのはむずかしい。

しかし、若いときならそうむずかしいこともない。我が子に期待する親としては、より良い成長の糧を与えてあげればいい。発達心理学上もっとも大切なことは、「愛されている」という実感を与えることとされている。子どものことを無能呼ばわりしたり、邪魔者扱いしたりしてはならない。むやみやたらに行動を制限される子どもは自信を喪失してしまい、「わたしはつまらない」、「きっと邪魔者と思われている」、「失敗したらいけない」などの劣等感や極度の緊張感を形成することになる。それは大人になっても消えず、人生を台無しにしてしまうことさえある。

ブッダの真理は「心の発見」にあった。経典に「生《しょう》・住《じゅう》・異《い》・滅《めつ》」の四法について説かれている。「生」とは思考や感情のめばえ、「住」とはその定着、「異」とはその変化、「滅」とはその滅のことであるが、いったん生住《しょうじゅう》させてしまうと異滅《いめつ》することは容易ではない。悪業の意識を異滅するためには涅槃寂静の境地に入らねばならないと教えられている。

問題は、それが劣等感として思考回路に癖づけられている場合である。最初は他人から言われたことが深層意識に入り込み、自家受精するように自分自身で繰り返し思うことによって深層意識に蓄積され、すべてがそこで反応していくことになる。何をやってもダメだと思うからしない。しないからできない。ダメだ、できないと委縮循環しながら自虐的な意識が蓄積されていくのである。

優秀な税関職員であった人が二十七歳の若さで亡くなったことがあった。彼は頭脳明晰だったが、繊細なタイプであったために職場の人間関係に悩み、抗うつ剤を多用し、その副作用が原因で心臓を患《わずら》い急死した。会社の評価を気にするあまり、劣等感に陥って激しく自分を苦しめたことが死を早めたようであった。

この種の原因には人間関係という問題が大きな比率を占めているが、苦しみが相手によってもたらされているとしても相手を変えることはできないのだから、自分の見方、考え方という視点を変えるしかない。

西に向いて走りながら東へ行くことはできないように、心にマイナスな感情を起こしながらプラス思考はできないのだから、自分の欠点に気づいたら、「これは本来の自分ではない」と言い聞かせる。「わたしはこれで終わる人間ではない」、「泣いてなんかいられない」と、反対の観念を潜在意識の奥底まで浸透させていけばマイナスの回路を遮断《しゃだん》することができる。そういう習慣を身につけると、幸福を阻害している心の悪魔もつけ入る隙がなくなるのである。

ブッダは、寂滅の禅定行《ぜんじょうぎょう》によって自分を害する悪魔を排除し、心に真理の殿堂をつくられた。毎日の行動や気持ちの動きを見つめ、反省を習慣づけることによってのみ自分を変えることができる。業の産物の「ヒマラヤ」は超えられるのである。

意地を張らず一歩退いて暮らせ

生い立ちというものが人生にもたらす影響は大きく、結婚生活にも微妙な影を落とすことがある。周囲と調和することに平穏があるのは誰もが知っていることである。しかし、幼い頃に認めてもらえなかった哀しみは、深層意識に生きていて、相手のことよりも自分の気持ちをわかってほしいという願いとなって無意識の感情に眠っている。

「あなたはちっともわたしの気持ちをわかってくれない」

「おまえこそ少しもオレの気持ちをわかっていない」

「あなたがわかってくれたら、わたしも理解するようになるのよ」

「いや、おまえの方が先だ」

自己主張が激しい時代に入って、対立した物の考え方が蔓延《まんえん》してきたが、そこには業の産物である「ヒマラヤ」同士のぶつかり合いがある。若い頃の夫婦の論争は仕方がないとしても、年を取ってからの言い合いは悲哀につながることが少なくない。

自分の気持ちを伝えるというのは悪いことではないが、あくまで思いどおりに動かそうとするのはかえってマイナス効果である。考え方のちがいはあるけれどもケンカする必要はない。新婚時代ならいざ知らず、ある程度生活をともにしてきた仲ならば、どこを突いたら争いになるかくらいは知り抜いているはずである。

妻の言い分を考えると夫の態度に問題があり、その夫が悪い態度をとるのも妻の側になんらかの問題がある。結果には原因があり、その原因にも前の原因がある。人間は自然に相手と自分を切り離したような考え方をするようにできているけれども、せめて夫婦の間にだけは原因や結果という前後関係を持ち込みたくはない。

思考回路が習慣化していることで、ひとたび利害関係が起こると、わかってくれない相手だけが悪いように考えがちであるが、少なくとも夫婦においては本来「……だけ」というものは存在しない。前もなく後ろもなく、夫婦は「輪」のようなものである。

夫は夫、妻は妻として、二人の関係に距離感を保つことは必要としても、相手があって自分があるということ、自分のことが大切なら相手の気持ちも大切にしてあげようという気持ちを持っておきたい。

地上の形あるものは常に変化し、区別や差別があるように見えるが、それらは土があり、水や熱によって温度や湿度があり、生命の連鎖によって成り立っているように、人間も同じであって、相互犠牲、相互扶助の調和に生きている。真理に生きるということは何もむずかしいことではなく、謙虚で、誠実で、親切な心、正直な心で生きるということである。

長い人生にはいろいろなことがある。家庭には高気圧のときもあれば、低気圧の事態も起こるが、それは一過性のものであって永遠に続くわけではない。

「夫がこのような態度をとるのも、わたしの方に何か原因があるのではないか」

「妻がこんな性格になったのも、夫たる自分に落ち度があるのではないか」

このように自分を反省する。そうはいっても自己優先の気持ちがある以上、体裁ということもあって急に変身はできないかもしれないが、相手にだけ非をかぶせている間は、百年たとうと千年たとうと水かけ論に終わり、円満な家庭は望めない。

互いに持ちつ持たれつの世の中である。自分が先にわかってやればいい。伴侶を失ってしまうと、ケンカはおろか文句の一つさえ言えなくなってしまう。そんなさみしいことはない。

主張はいいが、主張しすぎない。伝えたあとは一歩退く。その中道《ちゅうどう》をわきまえたい。夫婦に勝ち負けなどあるはずがない。一歩退くことを心がけると、それが相乗効果をもたらし、夫婦円満の生活を築くことができる。自分の中にある思いやりの宇宙意識を自己の主体とするのである。

真理のふるさとへ帰れ

私の価値転換の原点は「何か偉大なもの」との出会いであった。
大学三年の終わりの頃、東京に残って就職すべきか、故郷に帰って寺の跡を継ぐべきか迷っていた。この迷いは中学時代から続いていた。私にはやってみたい仕事があったが、お布施で育ったという良心の呵責《かしゃく》、また父が病気で倒れたこともあって、どちらを選ぶべきか決断が迫られていた。

若い頃のブッダがそうであったように、父を立派な人物と信じる人びとの期待を裏切ることはできなかったので、このことは誰にも漏らせない大きな悩みであった。そこで、もし私に宿命というものがあり、本当に仏さまがおられるのなら帰山してもいいと考えた。

そんなある夜、アパートで布団にもぐりこんでいると、ふっと体が浮いて部屋の天井近くを漂っていた。同居していた先輩が机に向かって手紙を書いている様子、十二時三十五分をさしている時計も見えたが、しだいに上空に吊り上げられ、山や川を眼下にする状態になった。上昇は止まらなかった。恐怖を感じながらも身を任せていると、いつしか宇宙の闇のような空間に坐っていた。

そのとき背後から金色の光が激しく照りつけてきた。振り向くと、それは太陽のようであった。あまりのまばゆさに目を開けることができなかったが、しばらくしてなじんでくると、その光の虚空の中に巨大な経巻《きょうかん》が浮かんでいた。それがキラキラと渋い光を発しながら空中に浮かんだままゆっくり右回りに回転していた。

どういうわけか、その経巻に向かって私は叫んだ。

「私は寺に帰るべきですか?」

すると、その経巻が虚空を覆い尽くすような光の大仏に変わった。そして、その意識体から気持ちが胸に伝わってきた。

「おまえは両親や多くの人の力によって生きてきた。いのちをかえしなさい」

それは言葉ではない。意識から意識へと伝わってくる思いのようなものであった。そのときの一帯の空間は私自身がそこにいることさえ場違いに思えるような、厳粛《げんしゅく》で清浄《しょうじょう》な世界であったことを覚えている。

「いのちをかえしなさい」

それは「死ね」ということではなく、「寺に帰れ」という意味であった。命令という冷たい響きはなく、何か温かいものがあった。しかし、東京に残って好きな仕事をしたいという気持ちがあったので、それを隠そうとする気持ちがはたらき、まったく無関係な話題を持ち出した。

「今、両親は九州で何をしていますか？」

そう尋ねたのは実際に父が病気で倒れたという手紙をもらっていたからだったが、その瞬間、場面が変わると、故郷の寺が映ってきて、母が数人の作業者と一緒に建物の屋根を葺《ふ》く手伝いをしている場面が観えてきた。

その後、まもなく冬休みに帰省したとき、まったく同じ情景が目の前に広がっていた。門を入ってすぐに庫裡《くり》に行くと母がいない。方丈《ほうじょう》に父を訪ねても誰もいない。そこで桜並木の坂を上っていくと、納骨堂がつくられていた。母が背中に赤土を背負って梯子《はしご》を上って行き、屋根を葺く左官さんの手伝いをしていた。父はその現場を下から監督していた。

私は息を呑んだ。一カ月前に観た光景がまったく同じように広がっていたからである。あまりに衝撃的だったので、早速、父に話をすると、「その仏さまは毘盧遮那《びるしゃな》という仏にちがいない」と、部屋に呼んで経文を示して説明してくれた。

そのとき初めて、あの東大寺にある「奈良の大仏」が毘盧遮那ということを知ったが、その説明にも興味はなく、ただただ一カ月前に観た光景が同じであることにだけ驚かされた。それでも半信半疑ではあったが、仏さまが本当におられるのなら帰山してもいいという気持ちと「いのちをかえせ」という言葉に従って約束どおり帰ることにした。私は十二歳で出家していたが、それから本格的な出家修行に入った。

居住する行堂の広さは百畳ほどであったが、夏は蒸し暑くヤブ蚊に見舞われ、冬は窓の隙間から木枯らしが吹き付けた。そんな中で昼夜を分かたずに読経、聞法《もんぼう》、止念観《しねんかん》の修行、参詣者の祈願などを続けていた。布団はせんべい布団、カボチャ、ナスばかり食べさせられるものだから肉に飢えていた。

そのうちに奇妙なことが続いた。深夜、行堂に祀《まつ》られている仏像から招き寄せられたり、聞法中に居眠りをしていると、曲がった背中を仁王《におう》さんから棒で叩かれたり、横の墓場から来る幽霊や近くの神社から来る神霊のようなものも感じるようになった。

その後、父が亡くなると私が後継者になったが、不思議なことが続いた。残された本堂建設に伴う借財について心配していると、「そんな小さなことは心配するな」と叱声が聞こえたり、僧侶の宿泊施設を造らねばならないと悩んでいると、「カネなら銀行にある」と聞こえたり、井戸を掘ろうとしていると、「ここを掘れ」という声が聞こえたりして、言われるままに動くとすべてが解決していった。

こうして漠然とながらも、この世には「何か偉大なもの」があることを信じるようになったわけであるが、自分はこのために生まれ、寺に帰ることが最初から宿命として決まっていたのだろうと考えるようになった。そこから私の真理探究がはじまった。人の体験も含めて「臨床例」のようなものをたくさん集めながら研究してきた。もう毘盧遮那のことは忘れていたが、なぜか今、そこに帰らねばならないという気持ちが起こってきた。

『華厳経《けごんきょう》』という経典を研究していくうちに、毘盧遮那とは「光の仏」という意味であることがわかった。私が観た毘盧遮那も宇宙を覆い尽くすような巨大な仏であり、光の中にいる厳粛な意識体でもあった。誰がこの経典をつくったのかわからないが、おそらく毘盧遮那の実在を観た霊能者が書いたのだと思う。その中で毘盧遮那は、「わたしが宇宙であり、宇宙がわたしである」と語っている。この「わたし」とは毘盧遮那のことであるが、これは宇宙仏を意味しているようである。

だが、宇宙仏は姿、形がないし言葉もない。それでは教えを説くことができない。よってブッダの宇宙意識に宿った毘盧遮那がブッダの脳の中枢を支配して悟りをひらかせたのではないだろうか。あの真理開悟《かいご》のときのブッダは「宇宙即我」という状態であったにちがいない。

しかし、ブッダのみならず私たちも宇宙の産物、空の所産なのである。怒りや欲や対立や妬《ねた》みなど汚れた意識もあるが、宇宙意識には高次の意識生命が流入しているのである。その世界のことをさまざまな形に表し、いろいろな名前をつけているが、形式や呼び方はどうであろうとも、宗教の差を超えて真理の本体としての「何か偉大なもの」は存在している。人間に内在する宇宙意識は、その「何か偉大なもの」と交信できる通信衛星のようなものでもある。

ところで先に、キリスト、ブッダ、孔子《こうし》もまた「何か偉大なもの」に導かれたということを述べたが、それはいつだったか不思議な実相を観たからである。

私は虚空から地球を見守っていた。すると誰かが私の左肩をぽんぽんと軽く叩いた。その人は背が高く白いローブのような祭服をまとっておられたが、後ろにも十人ほど神さまや菩薩のような人がおられた。空飛ぶ絨毯《じゅうたん》のようなものに乗っていたわけではないが、そこにはこれから地球上で何か大変なことが起こるような憂いの空気が漂っていた。するとアメリカ大陸の東海岸から一気に地球を呑み込むような大洪水が起こってきた。

そのとき、左肩を叩いた人物がこんどは地球を指さされた。「下りて行きなさい」という無言の命令であった。私は恐怖を感じながらも両手をあげて地球をめざして飛び込んだ。

私の周囲におられたのは東洋の神や菩薩、あるいは西洋の神であった。そこから私はおそらく宗教というのは人間が組織のためにつくり出した世界であって、偉大な生命体は宗教の差を超えていると考えるようになった。口幅ったいが、それを伝えるために人間に生まれてきた宿命を私は自覚させられた。

振り返ると、人類の歴史にはさまざまな革命的段階があった。類人猿が人類に進化し、食料生産法を開発し、社会契約を結び、科学技術革命を起こしたが、それはもはや制御できないほど巨大化している。だが、「何か偉大なもの」は、もう一度、精神文明の復権を志向している。科学技術文明と経済発展のみに幻惑され、精神を顧みない人類に真理復興を示唆しているように思う。

人間は物質だけで生きられるものでもなければ、心だけで生きられるものでもなく、物心両面のバランスが必要であるが、それを制御していくのは人類の叡智である。幸福と平和をもたらす叡智には、利己的な個我を超えて全体の場を俯瞰《ふかん》する眼が基本になる。偉大な実在はその宇宙意識を育てるために、キリストやブッダや孔子を地上に派遣したにちがいない。

これまで私はさまざまな霊魂と交流する中で恐怖の体験もしてきたが、厳粛な実在と一つになる体験が歓喜の瞬間であった。そうした経験の中で衝撃的な出来事が五つほどあって、そこから人生の価値観が一変してしまった。

神仏の姿を見たり、声を聞くなどという超越的な経験をしなくても宇宙意識を体験できないわけではない。慌ただしい日常を離れて、たまにでもいいから自然に触れることで宇宙意識を体感することはできるのである。自然にみなぎるすがすがしい世界に身を置くだけでもリフレッシュ、リセットできるものがある。

父を失ったとき山ほど残されていた借金に苛《さいな》まれていたある日、雪をかき分けて裏山に登ったことがあった。そして雪を頂いた天山《てんざん》という山が朝日に輝く様子を見た。それを眺めていると、天山が声をかけてくれているように思った。

「わたしは雪の中に立っている。寒いけれど春を待っている。あなたもがんばりなさい」

聞こうと思って聞いたわけではない。そう感じたわけであるが、訳のわからない涙がこぼれてきて、がんばろうと心に水蒸気のようなものが上ってきた。それ以来、星や月にも宇宙仏の心があると信じるようになった。

山に登ったり、海に出かけたり、満天の星を眺めたりすると、どことなくすがすがしい気分に帰る。そのとき心が癒やされ、自分を取り戻し、新しい発想や創造力も高められる。おそらく、これは宇宙仏、あるいは宇宙意識の吐息を吸い込んでいるからにちがいない。

その後、私はその天山を眺める場所に「楽養《らくよう》の里」という施設をつくった。この場所につくった堂宇《どうう》で読経や写経や瞑想《めいそう》を行ったり、行場《ぎょうば》として利用したりしているが、なぜかその後に新しい発想が生まれるのである。自然に一如《いちにょ》するとき、人間の意識に斬新な風が吹き込み、新しい発想が起こる。それは宇宙意識と一つになる瞬間である。

めざめの伴わない修行には何の意味もない。いくら神の世界を観たり、言葉を聞いたり、奥深い経典の理を探求しようと、それが自分の境地として固まらなければ意味がないと思う。心を癒やすことも、自分にとっての宇宙意識の開発につながる出発点でありたい。

ブッダは常に涅槃寂静の境地を保とうとされた。この涅槃寂静の境地について、仏教書は「煩悩《ぼんのう》の炎を吹き消して静かになった状態」と説明している。そこに到るために禅定、止観《しかん》、阿字観《あじかん》など宗派によっていろいろな行法とその形式がある。この涅槃というものを私の師は「止念観」と名づけられているが、名称はどうでもいいのであって、目的は宇宙意識に戻ることにある。

ブッダのように涅槃寂静の境地に入るのはむずかしいから瞑想でもいい。瞑想も宇宙意識の法と一如するための行法の一つであり、人間としての大切な宇宙意識を取り戻す方法である。この瞑想について私は「静慮《じょうりょ》」という方法を教えている。これは「禅思《ぜんし》」とも呼ばれているが、空の境地のことではなく、自分の中に相手の気持ちを呼び込むというやり方である。例えば、男性には奥さんのことを考えてもらう。

「これまでしてもらったことを思い出しましょう」

瞑想するうちに改めて感謝の気持ちや思いやりがふくらんでくる。一方、女性にもご主人のことを考えてもらう。子どもにも親のことを考えてもらったりする。そうすることで、気づくことがたくさんあって、瞑想が人間として大切な原点の心の宇宙意識を取り戻すための行法であることがわかる。

ブッダが悟られたのは肉体や物質ではなく心の価値であった。人間には人それぞれの業があるが、悪想念を打ち消す光明をそれぞれが自分の中に持っていることを悟られた。日常が世事に忙殺されているために宇宙意識は眠っているが、これをめざめさせなければならないのである。

方法として、修験者《しゅげんじゃ》のように自然の中に溶け込むのもいいし、寺に参籠《さんろう》して読経や写経に励むのもいいし、家の中で瞑想しながら静かに自分を振り返るのもいい。とにかく、慌ただしい日常を離れて「空」の境地をつくる。そこにどっしりと落ち着き、澄み切った境地が生まれることになる。それによって、斬新な発想がもたらされ、狭い自我意識にとらわれた自分の意識から解放されることもある。

自己一身の苦悩からはじまって人生の諸苦《しょく》を打開するために難行《なんぎょう》苦行されたブッダであったが、仏教開教の源流には宇宙意識への回帰がある。晩年にはいろいろ困難なこともあったけれども、それも涅槃寂静の中で気持ちを制御された。

過去の祖師たちはそこに到るために「禅」とか「題目」とか「念仏」などという行法を教えたが、これは手段であって目的ではない。目的は宇宙の意識を取り戻すことにある。心をいかに「苦」や「悲」から解放するかということにある。一切を達観する智慧の眼をつくることができれば苦に翻弄《ほんろう》されることはない。結局、めざすべき場所は一つなのである。

最後に、「釈迦仏教に帰れ」を提言する者として、これからの仏教界を担う人びとに伝えておきたい。

豊かな時代になったにもかかわらず、社会には「生き地獄」を味わうかのように苦悩する人びとも少なくない。かつて、各宗の祖師たちは末法の世に苦しむ人びとを助けるために立ち上がった。それまでの貴族仏教から大衆仏教へと、母山（比叡山《ひえいざん》）を下って、民衆の苦悩解決に当たった。彼らは先駆者であった。大乗仏教の精神を忘失することなく、時代の要請に応える信念と勇気の持ち主であった。

しかし長く、現代における先駆者たろうとする僧侶の姿を見ることはなかった。新しいことをすれば、宗門から異端児と見なされ、「村八分」のような状態に追い込まれることもあった。これまで日和見主義的に伝統を重んじる保守的な僧侶の姿ばかりが目についてきたが、最近、少し新しい希望の光を感じるようになった。それは、これまでのような死者祭礼の活動ではなく、病院や施設などに入って、「悲」や「苦」を抱えている人びとに寄り添おうとする光景が見られるようになったことである。

これはまさに過去の祖師たちの願いに応える先駆的な活動といってよいだろう。ただ、自らの最正覚《さいしょうかく》によって人びとを導かれたブッダの道を踏襲するためには、まず私たち僧侶がブッダのことをもっとよく知り、教化力を高めなければならない。それは生活手段という打算的な意識を超えることが前提である。

ブッダの真理は、人間の心という根本、生きる場としての空間、そして子々孫々にわたって、どうすればより良い社会ができるか、という後世のことを踏まえたすばらしい叡智であった。だが、この叡智はブッダのみならず、宇宙意識として私たち僧侶にも本来注入されているのである。

心を読む力、癒やし救う言葉の訓練など、私たちが自らの宇宙意識に到達し、問題解決の叡智を生み出していく。それがまさに現代における仏教復興であり、祖師たちの期待に応える報《ほう》恩行《おんぎょう》ではないだろうか。人間の美しさや醜さを知り、真理のふるさとへ帰る。明朗な眼、うららかな心、経験的な叡智を身につけることが本当の仏道修行なのである。

私の弟子の中に六十歳にして出家された尼僧がいる。得度式のとき、彼女は「どのような心構えで修行をしていけばいいでしょうか」と祈ったという。すると、天から一枚の大きなガラス板が彼女の背後に降りてきたので振り向いてみると、ガラスで隔てられた向かい側にあったのはハンドバッグやハイヒールだったらしいのである。

それにしても誰がこのようなメッセージをくれるのであろうか。私は次のように伝えた。

「それはたしかに出家後の心構えを教えておられるということです。世俗の人が感じる物質的な喜びと決別し、心の修行に喜びを感じるようになれ、というブッダのお知らせです」

彼女は涙を流していた。

私たち僧侶はブッダが到達された真理のふるさとに帰らねばならないのである。このふるさとの安らぎは世俗の人には理解できないかもしれない。だが、その世界は真理の殿堂である。心の虚空に浮かぶ宝塔である。この真理の殿堂が完成すれば、いかなる苦しみや悲しみも超える境地が完成するのである。また、仕事上の未知の問題にも斬新な発想や閃《ひらめ》きの智慧となって生まれてくる。

人間は、幾度も現世という厳しい人生道場に投げ出され、輪廻は厳然《げんぜん》として存在しているのである。ただ、できるだけ現世において自己の主体を完成させたい。ブッダの真理はその宇宙意識の確立にあったのである。

補記

その後の仏教

ついでに、その後の仏教の経緯についても少し触れておこう。

ブッダが入滅された直後、摩訶迦葉《まかかしょう》が議長となって第一回の経典結集《きょうてんけつじゅう》会議が王舎城《おうしゃ》下の洞窟で行われたこと、阿難《あなん》と優婆離《うばり》を呼び、二人の記憶に残っている教法と律を五百人の阿羅漢《あらかん》比丘《びく》の前で語らせ、それを全員に諮《はか》ってまちがいないと確認したのち、全員で読み合わせながら記憶に刻みつけさせたことはすでに説明した。

しかし、ブッダ入滅後の百年後に「根本分裂」と呼ばれるものが起こり、僧伽《そうぎゃ》は分裂、離合集散を繰り返すことになった。それはヴェーサーリーという街で行われた第二回の経典結集会議がきっかけであった。この会議では七百人の比丘が集まったが、経済状況や社会生活の変化に伴って、ブッダの真意や戒律をめぐって僧伽内部でいろいろな異見が生じるようになっていたため、綱紀粛正《こうきしゅくせい》の必要性が生じてきたからであった。論争の中心となったのは、ヴェーサーリーのヴァッジ族の比丘たちが提案した「十事」という問題であった。

十事とは、規定の時間外に食事が取れるのかどうか、場所を変えれば食事を二回取ってもいいのかどうか、会議に参集できなかった場合、事後承諾で済ませることができるかどうか、ブッダや高弟の仏弟子のみに認められていたことを、新参の僧にも認めるかどうか等々の問題であったが、特に意見が集中したのは比丘の金銭所持に関する問題であった。貨幣の時代に入ると、布教の場や托鉢の場や精舎《しょうじゃ》の奥で食物の代わりに金銭を受けることがあり、僧伽の風紀を乱す原因として浮上したからである。

ヴェーサーリーの比丘たちは時代の流れに即して戒律の緩和を求めたが、長老たちはあくまで戒律を厳しく守るべきとして、ヴァッジ族の比丘が提案した十事はすべて否決されてしまった。このとき戒律の解釈をめぐって僧伽が二分することになった。

革新派は「大衆部」と呼ばれ、除外例を認めない厳格なグループには上座にある長老が多かったので「上座部」と名づけられた。時代の変化を踏まえて律を緩和すべきだと主張する進歩的なグループと、あくまで伝統を守ろうとする保守的なグループとの対立が根本分裂の原因である。

そして、ブッダ入滅後二百年頃から三百年頃になると、インド各地域に分散していた大衆部や上座部の比丘たちはさらに離合集散し、大衆部が九部、上座部が十一部へと分裂した。これを「枝末分裂《しまつぶんれつ》」という。仏教は根本分裂から始末分裂へと分派していったのであった。

やがて、それぞれの部派がブッダの教えの内容を整理・解析するために、それまで言葉で記憶に叩き込まれていたものが文字化される。これが「経典」である。経典はさまざまな国の言語で書かれたが、有名なのがサンスクリット語で書かれた経典とパーリ語で書かれた経典である。

サンスクリット語は貴族が使い、パーリ語は庶民が使用していたが、前者の経典は主に大乗仏教としてシルクロードを伝わって中国で漢訳され、朝鮮、日本へと伝わった。これが「北伝の漢訳経典群」である。一方、パーリ語で書かれた経典はスリランカを起点としてタイ、カンボジア、ラオス、ミャンマーなど南方の仏教諸国に伝わることになる。これが「南伝のパーリ語経典群」である。

その間、大乗仏教徒は小乗仏教のことを「小さな乗り物」と批判し、小乗仏教徒はパーリ語経典だけが正しい仏説であると見なし、あちこち拠点を移動しながら互いに排斥するようになった。そもそも、なぜこのようなことになったかというと、ブッダ入滅直後に行われた第一回経典結集のとき、大乗仏教が除外されてしまったからである。そのことが『増一阿含経《ぞういちあごんきょう》』の「序品《じょほん》」に書き留められている。

或《あるい》は一法有り義亦《また》深く　持《じ》し難《がた》く誦《じゅ》し難くして憶《おく》すべからず
我今當《いままさ》に一法の義を集むべし

（『増一阿含経《ぞういちあごんきょう》』）

（あるいはブッダが説かれたものの中には大乗の教えもあるが、この内容はとても深い。その教えを守ることはむずかしく、言葉で読むこともできず、記憶することも不可能である。したがって、わたしは小乗の教えを結集する）

阿難は長くブッダの侍者として仕えてはいたものの、説かれる宇宙の真相や生命の洞察についての悟りに関する深い説法を理解することができなかった。摩訶迦葉にも理解できなかったので比較的わかりやすかった小乗の法のみが集められたようである。

同じ仏教でも小乗仏教と大乗仏教の教えの内容は大きくちがう。大乗仏教では、人間意識の奥に内在する究極の根本意識は仏性《ぶっしょう》として宇宙からもたらされたものであると考えている。ブッダをブッダたらしめたのは「法」であり、法という永遠不滅の実在があってブッダは衆生済度のためにこの世に出現されたと考えるのである。したがって、その真理の法を獲得すれば誰でも仏になれると主張する。

一方、小乗仏教は肉体を有する歴史上のブッダを崇《あが》める。そして、どんなに修行しても仏にはなれず阿羅漢どまりだとして、人間に仏性があることも認めず、パーリ語経典こそがブッダの真意を伝える正しい経典であり、大乗経典は仏説ではないと主張している。

しかし、その小乗仏教のパーリ語原始経典の中にも、ブッダが大乗的な教えを説かれたことが記述されている。これを研究すると、南方の仏伝には大乗仏教への萌芽性がある。よって「大乗非仏説」というのは根拠がないのである。

ともあれ、仏教はブッダの実存的な苦悩、人間の宿業《しゅくごう》からの解放に発し、真理の教えとして王族階級を中心に支持され、バラモン教を凌ぐ一大勢力になったが、五世紀頃にバラモン教を引き継いだヒンドゥー教が勢力を回復していくと仏教は衰退をはじめた。

ヒンドゥー教は大乗仏教の教義を取り込みつつ、仏教を弾圧した。そしてブッダに新たな解釈を加え、ヴェーダ聖典を悪人から遠ざけるために人びとを混乱させようとして出現したと見なし、ブッダをヴィシュヌ神の化身として位置づけた。

なぜインドの仏教が衰退したかというと、仏教が出家主義であったからであろう。仏教僧伽は在家信者の組織化にはあまり熱心ではなかった。また、在家信者が求める方向もちがっていた。家に仏像を祀《まつ》る習慣はあったとしても、それはあくまで現世利益《げんぜりやく》のためであり、無明《むみょう》や欲望の消滅という本来の高度な教えは、現世を生き抜く人びとにとってはあまりに難解すぎるものであった。

こうしたヒンドゥー教に対抗するために、七世紀頃になると現世利益を説く密教が登場することになった。さらに十世紀以降、イスラム教がインドに断続的に侵入するようになると、民衆の壁を持たなかった仏教はさらに瓦解を早め、十三世紀頃になるとインドの仏教徒はほとんど消えてしまった。かろうじて密教によって仏教は残るが、富裕層がヒンドゥー教を支持したために、仏教は北インド方面に追い詰められてしまう。それがネパール、ブータン、チベットなどの密教である。

ついでに、日本仏教の歴史についても紹介しておこう。

仏教が日本に伝来してくるまでに千年以上の時間が経過している。仏教はインドから中央アジアを通って中国朝鮮へと伝わり、日本へ入って来た。日本に仏教がもたらされたのは五三八年（宣化《せんか》天皇）のことで、時期からするとインド仏教が衰退する頃であった。我が国の仏教は、シルクロードを通じて中国、朝鮮を経由して伝わってきた大乗仏教の流れを汲んでいる。日本仏教は当初、政治の具として天皇家や貴族が中心であった。最初は蘇我氏が受け入れた氏族信仰であったが、推古天皇や聖徳太子によって政治理想の根幹、精神的中枢として用いられるようになった。

奈良期に入ると学問仏教となるが、その一方で天災や疫病、飢饉《ききん》などの災難をはらう祈禱仏教が天皇家に求められると、現世利益の方向に変容した。聖武天皇が国分寺創建と東大寺大仏建立《こんりゅう》に取り組んだのは国家を守るためであった。聖武天皇は、仏教政治によって天災や疫病を除こうとされた。

聖武《しょうむ》天皇没後も孝謙《こうけん》、淳仁《じゅんにん》、称徳《しょうとく》、光仁《こうにん》と奈良仏教を中心とする天皇が続くが、それまでの僧の政治介入による社会の混乱や寺領の増大による国家財政の疲弊《ひへい》によって、仏教は国家を衰亡に導く道具となりつつあった。

そこで光仁天皇の後を受けた桓武天皇は奈良仏教に対する批判を強め、寺院財務の取り締まり強化、私寺建立の禁止などの触れを出して奈良の都を放棄し、平安京建設のために中国密教を取り入れた。

天台宗の開祖・最澄《さいちょう》と真言宗の開祖・空海《くうかい》は、遣唐使として唐に新たな仏法を求めると、帰朝してそれぞれ比叡山、高野山にこもり、新たな山林仏教を打ち立てた。比叡山はそれまで四宗兼学（円・禅・戒・密）を建て前としていたが、真言宗との対抗上、最澄の弟子たちが密教を導入し、その充実を成し遂げることになる。密教の呪術性に接して、水の低きにつくように貴族たちは密教の修法に心を傾けるようになる。

皇族や貴族たちにとっては一族の繁栄が最大の関心事であったので、悟りという高尚なブッダの教えよりも現世利益をもたらす道教《どうきょう》や陰陽道《おんみょうどう》、あるいは密教に魅力があり、政敵を排除するための祈禱、怨霊退散のために一門出身の僧侶たちを比叡山や高野山に送り込んでは一門の繁栄と息災を祈らせた。その代償として寺領は増大の一途をたどり、諸寺は富裕な土地所有者となり、荘園管理のための武力を持つようになった。

しかし、平安末期から末法意識がにわかに高まってくると、この世を厭い、浄土に憧れる思想と結びつき、貴族中心の信仰が民衆の間に広まっていくことになる。もともと貴族仏教は民衆とはなんの関係もなかったが、天災、疫病、飢饉に苦しむ現実が迫ってくると、仏教は民衆の期待に応えるものでなければならなくなった。

そうした中、源平の争乱期を通して、法然《ほうねん》の浄土宗、また栄西《えいさい》、道元《どうげん》によって中国からもたらされた禅宗、親鸞《しんらん》が起こした浄土真宗、『法華経《ほけきょう》』の精神を鼓吹《こすい》する日蓮が興した日蓮宗などが広まるようになる。

やがて豊臣秀吉によって戦国時代の争乱が平定されると、諸宗の寺院領地は没収され、経済的独立性を失い、無力化していくことになる。そして江戸時代、徳川幕府によってキリシタンの徹底的弾圧が行われ、宗門改めの宗旨制度がつくられると、寺院は国民の戸籍を管理する役所のようになり、僧侶には官僚的な地位が与えられる。これによって我が国の仏教は大きく変容し、「檀家制度」という形になった。

この檀家制度は徳川三百年の安眠の一翼を担ったが、仏教が政治の道具となり、諸宗を無気力にして堕落させた側面もあって、儒学者や国学者及び神道者から仏教界の腐敗を指弾されるようになり、さらに国学の興起を受けた幕末における尊皇思想が急速に普及していくと、幕府政権の崩壊とともに天皇親政、祭政一致の叫びが廃仏毀釈《はいぶつきしゃく》の火の手となって表れた。

昭和期に入って第二次世界大戦が起こると、ほとんどの仏教諸派は国家政治への服従と迎合を示すことになり、敗戦を迎えて政教分離と信教の自由が保証されると、貧・病・争の解決を目的とする新興宗教が生まれた。

その中でもオウム真理教による反社会活動は国民に衝撃を与えた。これが宗教不信の念を大きくした一面は見逃せない。今や高齢化社会とともに寺院の数は大きく減少しつつあるが、それでも「心の時代」を迎えた現代、仏教の役割が期待されていることはまちがいない。仏教は人間の実存的苦悩を解決するものでなければならない。

資料

注　釈

I　バラモン教とヴェーダ聖典

バラモン教は、古代インドにおいて仏教興起以前に発達した宗教。「ヴェーダ」を聖典とし、天・地・火・太陽・風雨・雷・川などの自然神を崇拝する多神教で、バラモン（司祭）階級が行う祭式を中心としていた。祭式に参加する祭官の職能に従って次の四種がある。

リグ・ヴェーダ　　神々を呼び寄せ、神々を讃える讃歌の集成
サーマ・ヴェーダ　　歌詞を一定の旋律に乗せて歌う歌詠の集成
ヤジュル・ヴェーダ　　供物《くもつ》を調理して神々に捧げるときの祭詞の集成
アタルヴァ・ヴェーダ　　幸福を祈ったり、他人を呪ったりするための祝詞の集成

また、それぞれの「ヴェーダ」は基本的に次の四部で構成されている。

サンヒター（本集）　各ヴェーダの主要部分。讃歌・祭詞を集載する部分
ブラーフマナ（祭儀書）　本集に付随し、その用法・意義などを細説する部分
アーラニヤカ（森林書）　森林で伝授されるべき秘法・秘儀を乗せた部分
ウパニシャッド（奥義書）　宇宙万象の一元を宣示する哲学的部分

なお、バラモン教という言葉は近代の造語で、昔は「ヴェーダ教」と呼ばれていた。

Ⅱ　原始仏教経典

原始仏教の経典《きょうてん》としてはパーリ語の聖典と、これに相当する漢訳諸経典（阿含経《あごんきょう》など）および少数のサンスクリット（梵語）聖典の断片が現存している。ブッダ自身は古代マガダ語で説法をされたと考えられているが、紀元前後に文字化されたときにはパーリ語で記録された。

このパーリ語の経典がスリランカ、ミャンマー、タイ、ラオス、カンボジアなどに伝わったが、このとき現地語に翻訳せずそのままパーリ語で保存された。北方へ伝播した経典はガンダーラからシルクロードをとおって中国へ伝わり、その後、朝鮮、日本に至るが、各国の言葉

に翻訳して伝えられた。日本へは漢訳の経典が伝わったが、ベースになったのはサンスクリット語で書かれた経典である。

南伝の原始仏教の経蔵はニカーヤと呼ばれる五部に分けられている。これは北方の原始仏教の経典である阿含経との対応が明らかになっている。一方、北方に伝えられた経蔵はアーガマ（「伝承された教説」の意）と呼ばれ、これが漢訳されるときに阿含と音写された。

原始仏教経典の対応関係

語から漢訳）

蔵

長阿含経 三〇経	中阿含経 二二二経	雑阿含経 一三六二経
↕	↕	↕
ディーガ・ニカーヤ（長部） 三四経 大パリニッパーナ経	マッジマ・ニカーヤ（中部） 一五二経	サンユッタ・ニカーヤ（相応部） 五六相応 約三〇〇〇経

含 経 典

蔵

語で伝承）

北伝の漢訳経典群（サンスクリット

論蔵

経や律に対する解説・解釈書

観無量寿経疏、大智度論、妙法蓮華経玄義など

律蔵

僧伽の禁止事項を含む生活規則や運営規範を記した典籍

根本説一切有部毘奈耶破僧事

四文律、五分律など

経

大乗仏教経典

法華経、華厳経、無量寿経、観無量寿経、阿弥陀経、仏本行集経、大乗本生心地観経、大般涅槃経、四十二章経、般若経など

（密教経典）

大日経、金剛頂経など

阿

増一阿含経　四七一経

↕

アングラッタ・ニカーヤ（増支部）　約二三〇〇経

クッダカ・ニカーヤ（小部）

ダンマパダ、スッタニパータ、ウダーナ・ジャータカなど　一二経

原始仏教経典

経

律蔵

僧伽の禁止事項を含む生活規則や運営規範を記した典籍

ヴィナヤ・チュラヴァッガ

ヴィナヤ・マハーヴァッガなど

論蔵

経や律に対する解説・解釈書

ダンマサンガニー（法集論）

ヴィバンガ（分別論）など七論

南伝のパーリ語経典群（パーリ

人物相関図

主な仏弟子衆

＜十大弟子＞

富楼那《ふるな》（プンナ）
須菩提《しゅぼだい》（スブーティ）
摩訶迦葉《まかかしょう》（マハーカッサパ）
目連《もくれん》（モッガラーナ）
舎利弗《しゃりほつ》（サーリプッタ）
摩訶迦旃延《まかかせんねん》（マハーカッチャーナ）
阿難《あなん》（アーナンダ）
優婆離《うばり》（ウパーリ）
阿那律《あなりつ》（アヌルッダ）
羅睺羅《らごら》（ラーフラ）

＜五比丘《ごびく》＞

阿説示《あせつじ》（アッサジ）
憍陳如《きょうちんにょ》（コンダンニャ）
婆提梨迦《ばだいりか》（バッディヤ）
摩訶那摩《まかなま》（マハーナーマ）
婆沙婆《ばしゃば》（ヴァッパ）

善覚王《ぜんかく》（スプラブッダ）

コーリヤ国

耶《や》輸《ゆ》
耶輸陀羅《やしゅだら》（ヤショーダラー）
摩《ま》耶《や》（マーヤー）

ヴァーサバ・カッティヤー
毘瑠璃王《びるり》（ヴィドゥーダバ）
波斯匿王《はしのく》（パセーナディ）
末《ま》利《り》（マッリカー）
祇《ぎ》陀《だ》（ジェータ）

コーサラ国

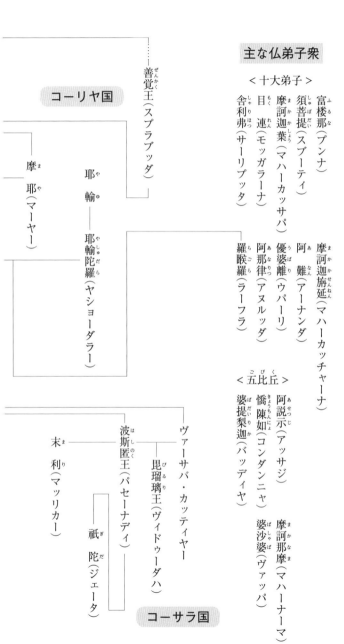

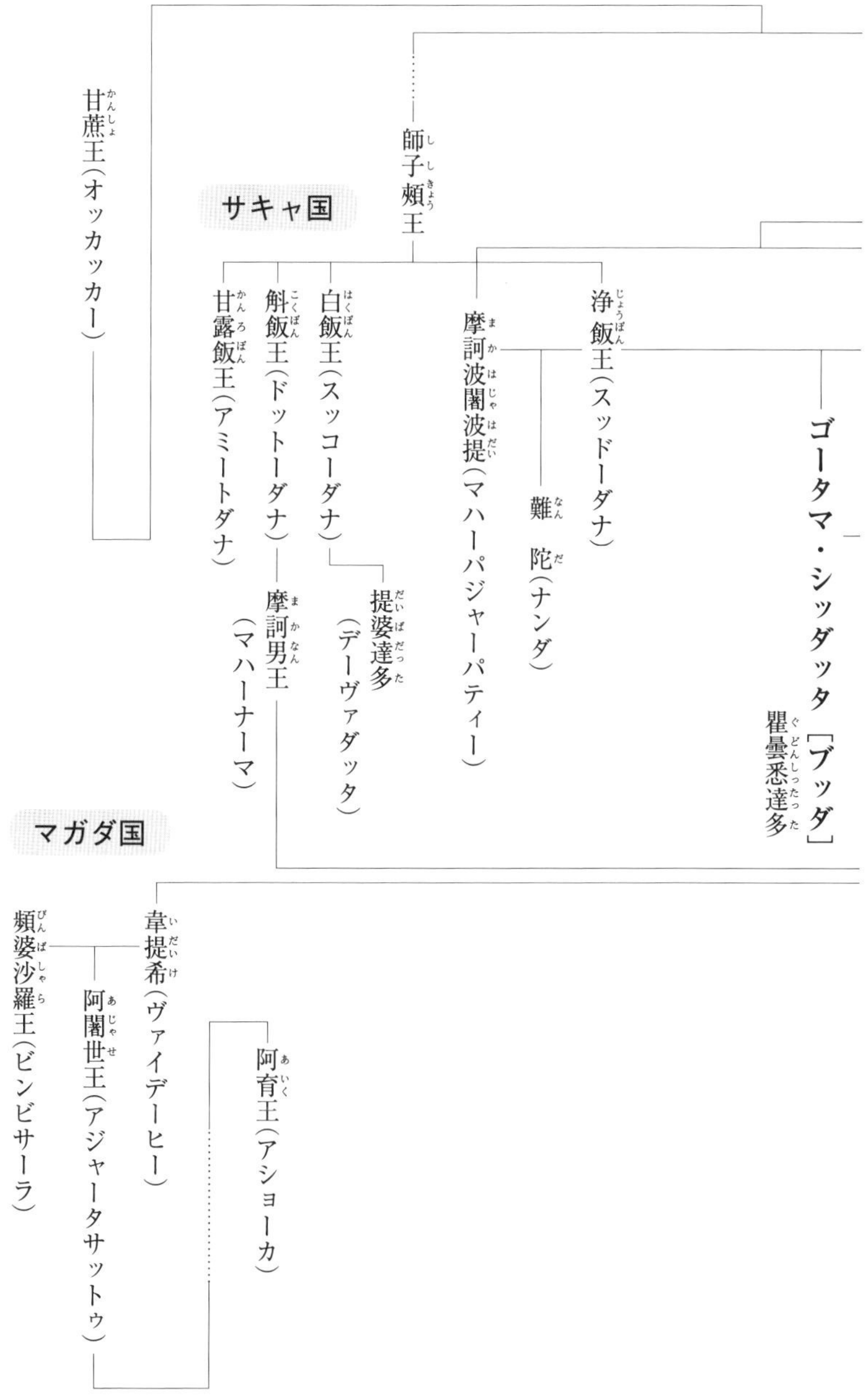
浄飯王《じょうぼん》（スッドーダナ）
ゴータマ・シッダッタ［ブッダ］
瞿曇悉達多《ぐどんしったった》
摩訶波闍波提《まかはじゃはだい》（マハーパジャーパティー）
難陀《なんだ》（ナンダ）
師子頬王《ししきょう》
甘蔗王《かんしょ》（オッカッカー）
サキャ国
白飯王《はくぼん》（スッコーダナ）
提婆達多《だいばだった》（デーヴァダッタ）
斛飯王《こくぼん》（ドットーダナ）
摩訶男王《まかなん》（マハーナーマ）
甘露飯王《かんろぼん》（アミートダナ）
マガダ国
韋提希《いだいけ》（ヴァイデーヒー）
阿闍世王《あじゃせ》（アジャータサットゥ）
頻婆沙羅王《びんばしゃら》（ビンビサーラ）
阿育王《あいく》（アショーカ）

古代仏教の推移

アーリア人の西北インドへの侵入（前1500頃）

『リグ・ヴェーダ』の成立（前1200頃）

アーリア人のガンジス河流域への進出（前1000頃）

ウパニシャッド哲学の成立（前600頃）

ブッダ誕生（前463頃）

ブッダ入滅（前382頃）

第一結集（ブッダ入滅直後）

第二結集（仏滅後100頃）　根本分裂　上座部 vs 大衆部

第三代アショーカ王（在位期間 前268～前232）

第三結集（仏滅後200頃）　枝末分裂　部派仏教時代へ

パーリ語経典成立（?）

サンスクリット語経典成立（?）

前500　前400　前300　前200　前100　紀元

マウリア朝　シュンガ朝

上座部・大衆部の部派仏教時代

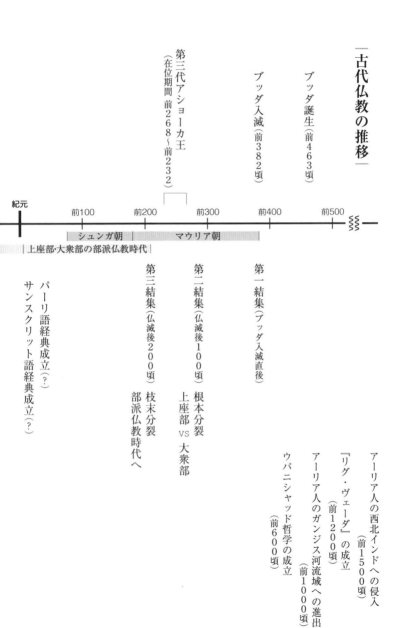

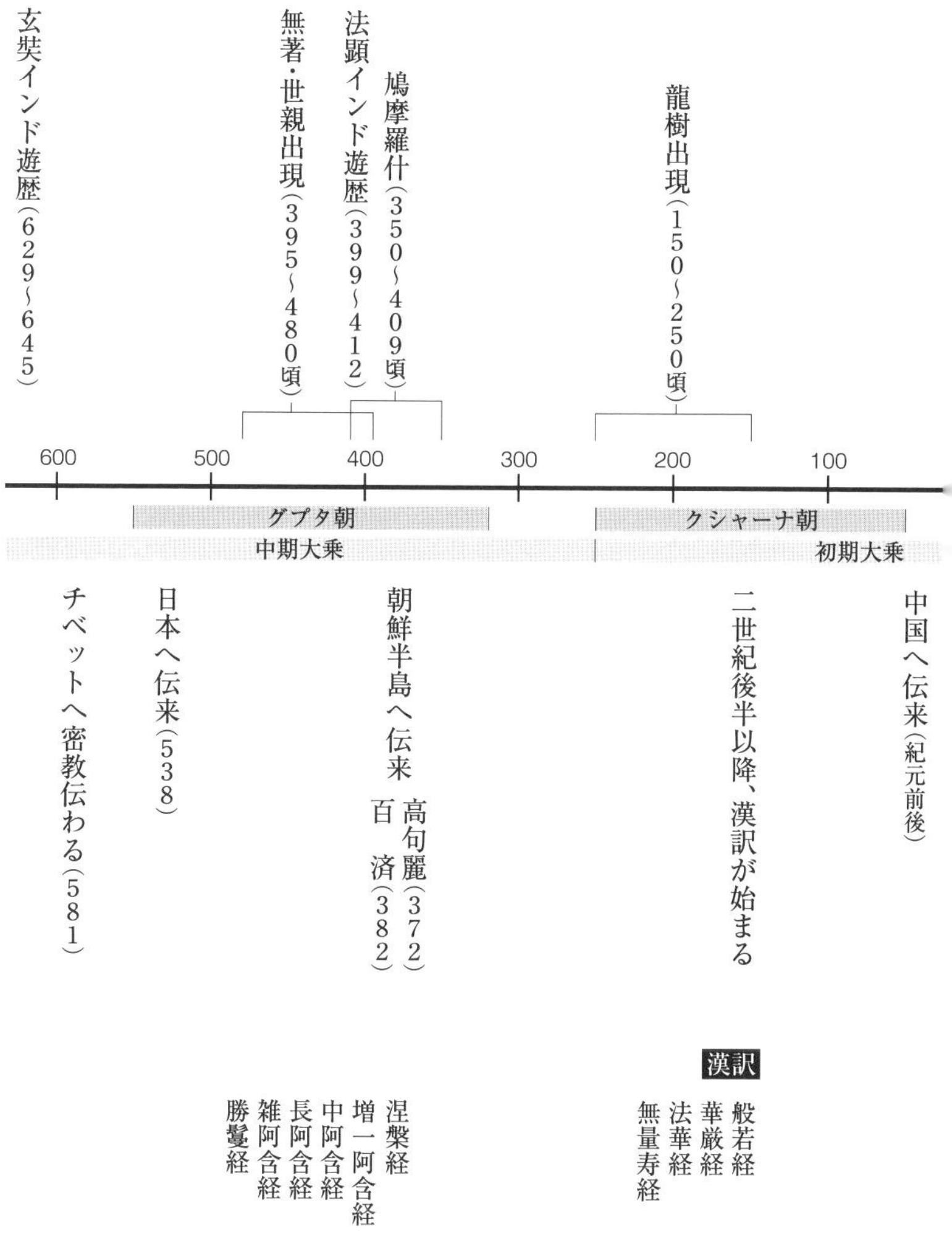

中国へ伝来（紀元前後）
二世紀後半以降、漢訳が始まる
龍樹出現（150～250頃）
鳩摩羅什（350～409頃）
法顕インド遊歴（399～412）
無著・世親出現（395～480頃）
玄奘インド遊歴（629～645）
100
200
300
400
500
600
クシャーナ朝
グプタ朝
初期大乗
中期大乗
朝鮮半島へ伝来
高句麗（372）
百済（382）
日本へ伝来（538）
チベットへ密教伝わる（581）
漢訳
般若経
華厳経
法華経
無量寿経
涅槃経
増一阿含経
中阿含経
長阿含経
雑阿含経
勝鬘経

サキャ国と古代インドの16大国

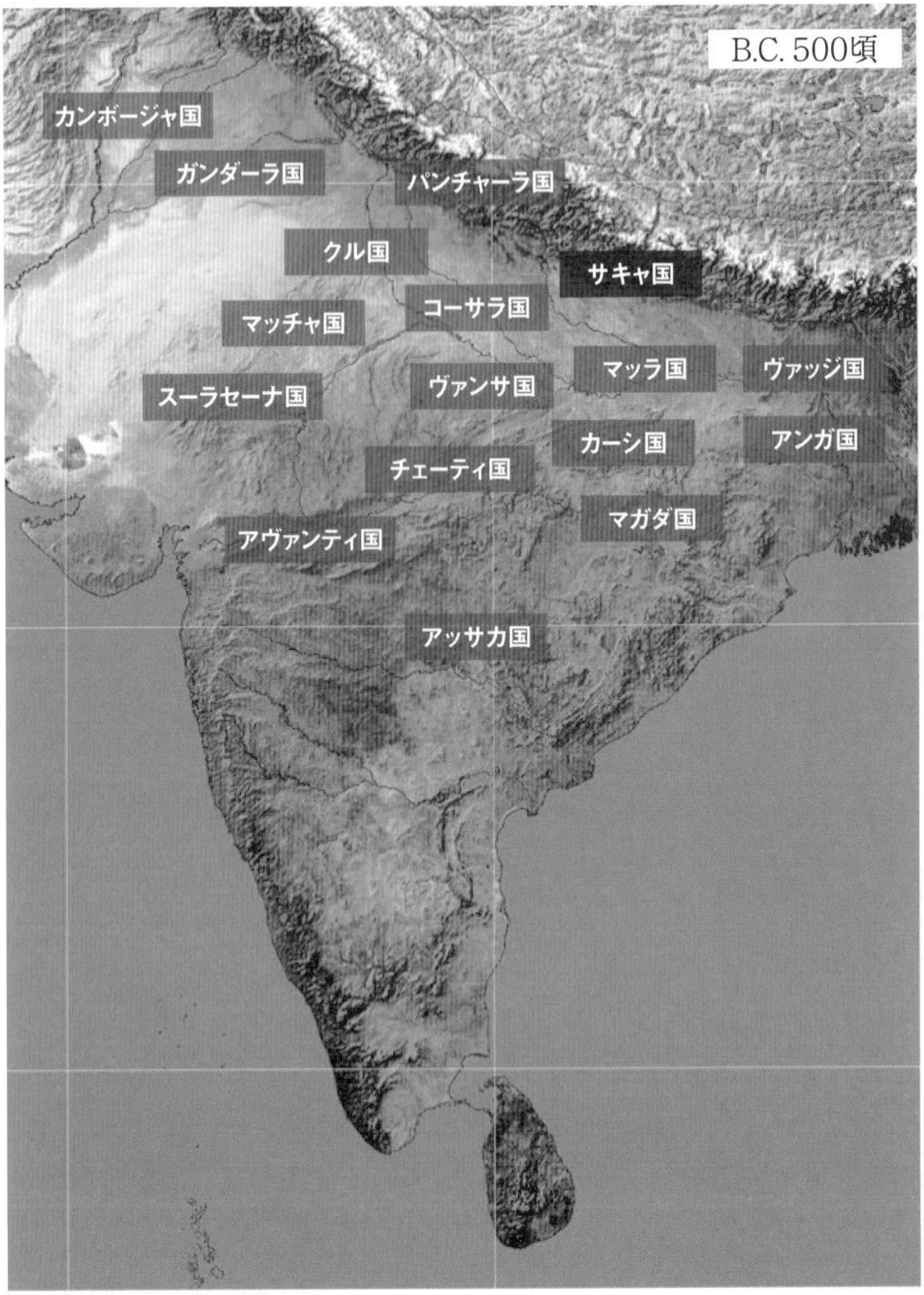

ブッダゆかりの聖地

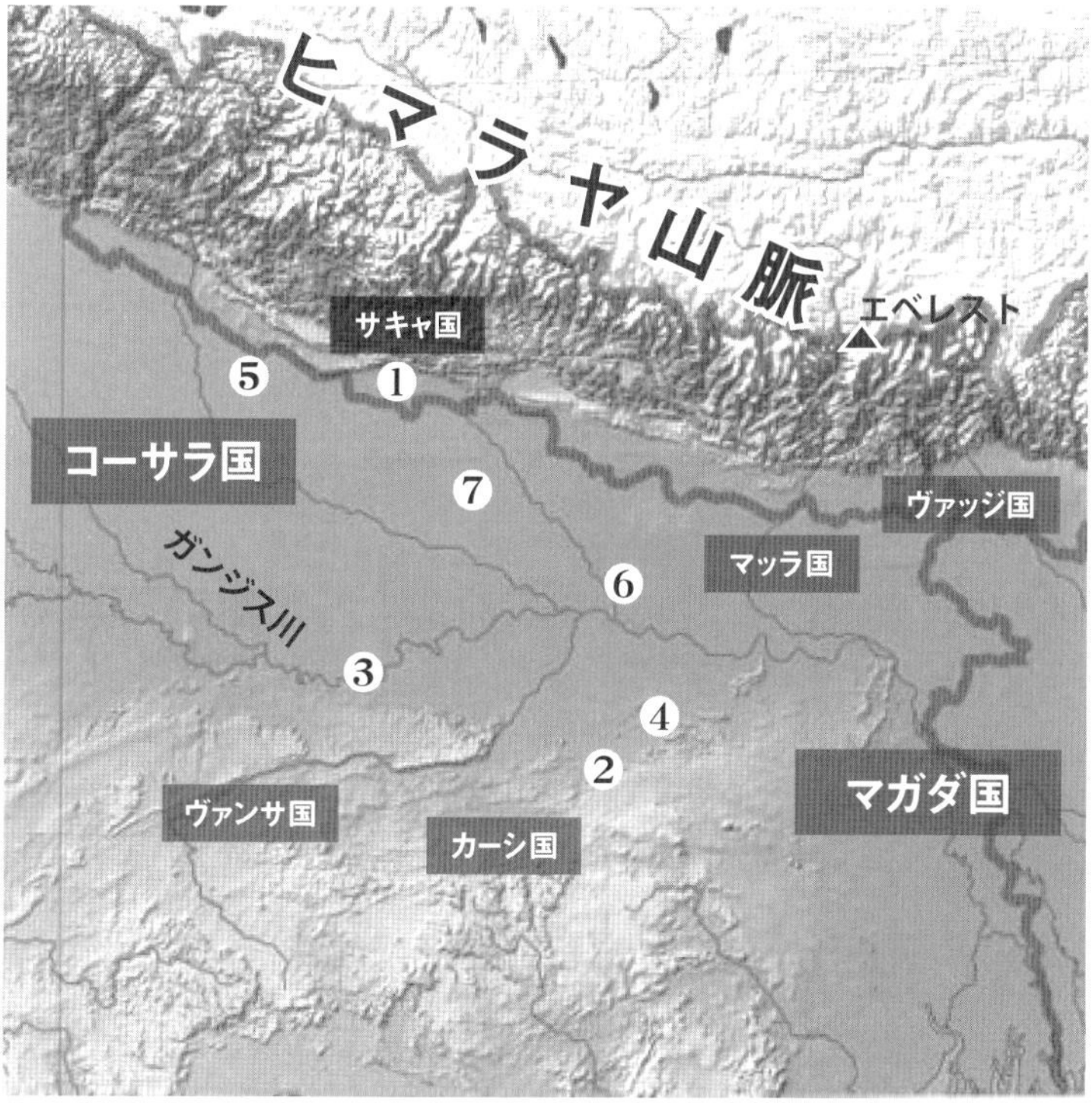

① ルンビニー	生誕の地	（四大聖地）
② ブッダガヤー	成道の地	（四大聖地）
③ 鹿野苑	初転法輪の地	（四大聖地）
④ 王舎城	布教の地	
⑤ 祇園精舎	僧伽本部の地	
⑥ ヴェーサーリー	最後の旅の地	
⑦ クシナーラー	涅槃の地	（四大聖地）

参考文献

『国訳一切経』（全二五五巻）大東出版社、一九三〇～一九八八年
高楠順次郎監修『南伝大蔵経』（全六五巻）大蔵出版、一九三五～一九四一年
中村元・福永光司・田村芳朗・今野達・末木文美士編『岩波仏教辞典　第二版』岩波書店、一九八九年
宇井伯壽監修『仏教辞典』大東出版社、一九三八年
中村元『インド古代史（上）』（中村元選集 第五巻）春秋社、一九六三年
中村元『ゴータマ・ブッダ―釈尊の生涯―原始仏教1』（中村元選集 第十一巻）春秋社、一九六九年
中村元『原始仏教の生活倫理』（中村元選集 第十五巻）春秋社、一九七二年
中村元訳『ブッダの真理のことば・歓興のことば』（岩波文庫）岩波書店、一九七八年
中村元訳『ブッダ最後の旅―大パリニッバーナ経』（岩波文庫）岩波書店、一九八〇年
中村元訳『ブッダのことば―スッタニパータ』（岩波文庫）岩波書店、一九八四年
中村元訳『ブッダ神々との対話―サンユッタ・ニカーヤ1』（岩波文庫）岩波書店、一九八六年
中村元訳『ブッダ悪魔との対話―サンユッタ・ニカーヤ2』（岩波文庫）岩波書店、一九八六年
中村元監修『原始仏典』（全七巻）春秋社、二〇〇三～二〇〇五年
中村元監修『原始仏典 Ⅱ』（全六巻）春秋社、二〇一一～二〇一四年
中村元監修『原始仏典 Ⅲ』（一、二巻）春秋社、二〇一六～二〇一七年

増谷文雄訳『阿含経典』（全六巻）筑摩書房、一九七九〜一九八七年
増谷文雄『仏陀―その生涯と思想―』（角川選書）角川書店、一九六九年
増谷文雄・中村元・奈良康明編『釈尊の人と思想（上）』日本放送出版協会、一九七五年
NHK「ブッダ」プロジェクト『ブッダ 大いなる旅路』（全三巻）日本放送出版協会、一九九八年
高山樗牛『釈迦』博文館、一八九九年
渡辺照宏『釈尊をめぐる女性たち―仏教女性物語―』大法輪閣、一九七六年
フォーラム・サンガ『荷車を曳くブッダ―仏教成立の歴史的前提―』杉並けやき出版、二〇〇一年
辻直四郎『ヴェーダとウパニシャッド』創元社、一九五三年
辻直四郎『ウパニシャッド』（講談社学術文庫）講談社、一九九〇年
辻直四郎『インド文明の曙―ヴェーダとウパニシャッド―』（岩波新書）岩波書店、一九六七年
辻直四郎訳『リグ・ヴェーダ讃歌』（岩波文庫）岩波書店、一九七〇年
辻直四郎訳『アタルヴァ・ヴェーダ讃歌―古代インドの呪法―』（岩波文庫）岩波書店、一九七九年
佐保田鶴治『ウパニシャッド』平河出版社、一九七九年
水野弘元『経典はいかに伝わったか―成立と流伝の歴史―』佼成出版社、二〇〇四年
共同訳聖書実行委員会編『聖書（新共同訳）』日本聖書協会、一九九七年
プラトン著・岩田靖夫訳『パイドン―魂の不死について』（岩波文庫）岩波書店、一九九八年
渡瀬信之訳『マヌ法典』（東洋文庫）平凡社、二〇一三年
伊藤栄樹『人は死ねばゴミになる』（小学館文庫）小学館、一九九八年
稲盛和夫『生き方』サンマーク出版、二〇〇四年

おわりに

ブッダの教えは、とどまることのない欲望や執着を離れ、いかにすれば安心立命へと解放されるか、欲望や煩悩《ぼんのう》などに左右されず、正しい智慧《ちえ》によって生死を超えた境地に導くものであった。

人間は一つのことが満たされると、さらにその先の欲望が生まれ、達成されるものとの間に起こる距離感に常に悩まされる動物である。それによって、たしかに文明は進展してきたものの、競争に身を焦がす一方で大切な人生の指針を見失ったかのような現代である。

事業に失敗して自殺を考えたある男性がいた。海に向かったが、車を運転しながら自分は何を失い、何が残ったかを考えた。

「社長業を失った。自宅を失った。信用を無くした。だが、理解してくれる心の友が残った。家族の愛が残った。ゆっくりとした時間も取り戻せた……」

そして車をUターンさせた。今では両親のお位牌に手を合わせることから一日がはじまり、奥さまと静かに晴耕雨読の日々を過ごしているという。自己の存在感を仕事に見つけるというのも価値観の一つではあるが、貧しくとも仲良く助け合う暮らしの中にも幸せはある。

地球が一公転する間に地上には四季が巡ってくるが、輪廻《りんね》があっても人生は一度きりである。そこに何を求めるのか、どう生きることが正解なのか。人生に正解はないと考えている人もいるが、それは正しくない。

振り返ると、『聖者の大地』を執筆したのが一九九九年のことだった。あれはインドの仏跡を巡っての紀行文だったが、それが終わると同時にブッダ研究がスタートした。それ以来、法務の合間をぬって部屋にこもって文献や経典《きょうてん》に目を通してばかりいた。そうして本書を仕上げたものの、言い尽くしていない気もする。だが、いつまで取り組んでも満足感はないように思うから、私も「足るを知らない」人間なのかもしれない。

若くして起業家として世界に名を馳せている通信事業の会長も「満足感はない」と次なる夢を語っていた。人間は一つのことが満たされると、さらに次の目標を掲げる動物である。してみれば苦悩も続く。足るを知りたいところであるが、見切りをつけるときは体力の限界を迎えた頃だろう。

ところで、ブッダは二五〇〇年前の聖者であるが、私は今なお永遠不滅の実在であることを信じている。仏教が西洋の人びとによって人類の精神遺産として再発見されて以来、南方の原始経典のみに信が置かれるようになり、人間釈迦としてブッダは片づけられるようになってしまった。

しかし、出家五十三年の修行を通してみて、私にはブッダが歴史的実在のみならず、真理に同化した本仏という確信がある。それは多宝仏塔の中からメッセージをいただくからである。そのことが『法華経《ほけきょう》』に書かれているが、心を制御してくれる意味で、いつもブッダは私にとって身近な存在である。

二五〇〇年前のブッダであろうと不滅のブッダであろうと、彼の教えが人間を縛る教えではなく、苦から解放するものであることはまちがいない。真空になれば沈んでも浮く。過度な執着を断ち、揺らぎがちな気分を日々コントロールしていけばいいのだと思う。

この物質主義の時代にあって、ブッダの真理などどうでもよいかもしれない。今なぜブッダなのか、理解できないかもしれない。だが、ブッダの真理に触れれば心が楽になる。ブッダの真理はいつも新しい。価値観が多様化している現代では不安を感じている人が多いが、私のお寺にたくさんの人びとがお話を聞きに来られるのは、親なる本仏の教えに触れたいと願う宇宙意識の願望ではないだろうか。

今年もまた勉強会や講演会が待っている。一人でも耳を傾けてくれる人がいるかぎり、足るを知るまで動くつもりでいる。

最後になったが、本書の編集に当たり協力してくださった花乱社社長の別府大悟氏をはじめ、森熊太郎氏、そして、お手伝いをいただいた関係スタッフのみなさんに心から御礼を申し上げる次第である。

二〇一七年十月

僧伽……114
祖道……36

た
大円鏡智……123
帝釈天……46
大日如来……35
第六天の魔王……79
荼枳尼（ダキーニー）……48
多宝仏塔……313
檀家制度……296
中道……83
天上天下　唯我独尊……19
天道……36
転輪聖王……46

な
仁王……276
女人成仏……175
如来……103
涅槃寂静……91

は
拝火教……127
八正道……110
平等大慧の法……91
バラモン教……24,35
毘盧遮那仏……275,277
仏道修行……116
不動明王……35
ブラフマン……30
法印……145
法灯明……227
菩薩行……127
菩薩の布施波羅蜜……266
菩提樹……82
梵我一如……57
梵天勧請……108
本仏……102

ま
弥陀の本願……211
密教……292
ミッシェル（ミカエル）……216
無憂樹……18
無我……72
無明……96
無餘涅槃……119
物の怪……48
文殊師利菩薩……175

や
預流果……113

ら
律……114
龍女成仏……177
輪廻転生……37
六牙の白象……17
六師外道……67
六道……19

索　引

あ

アグニ…… 32,34
悪人成仏……196
アーシュラマ…… 52
アートマン…… 38,42
アーリア人…… 30
阿弥陀仏……209
阿羅漢…… 124,144
阿頼耶識縁起論……267
阿蘭若……152
一念三千……123
稲荷…… 48
インドラ…… 24,33
ヴァルナ…… 31
雨安居…… 39
ヴィシュヌ神……292
ヴェーダ…… 24
ウパニシャッド…… 36
有餘涅槃……119
叡智の井戸……124
縁起の理…… 78
閻魔大王……216
王舎城の悲劇……189
陰界……238

か

「雁」…… 24
灌頂授戒……114
祇園精舎…… 153,154
経典結集会議……135
空…… 73
孔雀明王…… 35
供養……239
光音天……264
五戒……114
五火・二道説…… 37
極楽浄土……209
根本分裂……288

さ

最正覚…… 90
沙羅双樹……235
三宝……117
ジーヴァ…… 42
色即是空・空即是色……158
四神足…… 89
四禅…… 95
地蔵菩薩……216
四諦の法……110
七不退の法……150
自灯明……227
止念観……281
「四門出遊」…… 26
十二因縁…… 96
「樹下観耕」…… 25
循環と調和の法……101
上求菩提・下化衆生……127
生・住・異・滅……268
精舎……152
静慮……281
初転法輪……119
神通力……120
「世界で一番大切なもの」……157
雪山童子……260
禅思……281

著者法話サイト『樹陰一話』について

著者の法話サイト『樹陰一話』では著者の法話を収録した動画を配信しています。ぜひ、検索サイトよりアクセスしてください。

法話サイト『樹陰一話』　URL；http://myohoji.or.jp/juinichiwa/
著者自坊ホームページ　URL；http://myohoji.or.jp/

牛尾 日秀（うしお・にっしゅう）

1951年12月佐賀県唐津市生まれ。12歳の時に灌頂授戒・出家。法政大学社会学部卒業。1988年正法事門法華宗法主、総本山獅子王山妙法寺管長に就任。以降、ブッダの正しい教えを社会に伝えるべく如来聖業に向けて宗門を先導。2011年には「アジア仏教徒協会（ABA）」の理事長に就任し2017年まで務める。著書に『人生をひらく6つの鍵』（小社刊）、『日蓮の涙』（海鳥社）、『道はひらかれる』（幻冬舎MC刊）など多数。

住所＝佐賀県唐津市厳木町岩屋530-4
電話＝0955-51-5020

編集協力／別府 大悟（花乱社）
森 熊太郎（熊太郎工房）

ブッダの真理

2017年10月17日　初版第一刷発行

著　者…………………牛尾 日秀
発行人…………………森 泰山
発行所…………………みずすまし舎
〒813－0003
福岡県福岡市東区香住ケ丘 5－9－38
電話 092－400－3616
印刷所…………………九州コンピュータ印刷